Georgen
Mittel
ER DEN LIN DEN

MORD IM ADLON

1. Auflage 2018

ISBN: 978-3-945543-47-4

Lektorat: Verena von Plüskow
Cover & Satz: Anja Fuchs
Herstellung: Peter Karg-Cordes
Druck & Bindung: ForPress NT

Besuchen Sie uns im Internet unter www.esverlag.de

Bildnachweis: Archiv Elisabeth Sandmann Verlag / privat: 13, 52, 55, 57, 58, 63, 64, 90; bpk: 30; bpk / Kunstbibliothek, SMB, Photothek Willy Römer / Willy Römer: 51; Bundesarchiv: 91; Burgtheater Wien: 114; Das Hotel Adlon: 4, 14, 19, 20, 24, 28, 102, 110, 113; Landesarchiv Berlin: 41, 76, 85; picture alliance: 34, 35, 36; Polizeifoto: 31; SZ Photo: 46; ullstein bild: 40, 43, 68, 81, 123; ullstein bild / keystone: 10; Wikimedia Commons: 6, 118; Wikimedia Commons / Niteshift: 96 Lübeck Burgkloster Gefängniszelle.

Helmut Böger

MORD *im* ADLON

Die wahre Geschichte eines mörderischen Hochstaplers

ELISABETH SANDMANN

INHALT

1

DOPPELMORD IN DER SPANDAUER STRASSE 33

»Wer vorsätzlich einen Menschen tödtet, wird, wenn er die Tödtung mit Überlegung ausgeführt hat, wegen Mordes mit dem Tode bestraft.«

Paragraf 211 des Strafgesetzbuchs für das Deutsche Reich, gültig seit dem 1. Januar 1872

Es ist Mittwoch, der 11. September 1918, und Kaiser Wilhelm II. ist nach Essen gereist. Wenige Wochen vor Ende des Weltkriegs, den man knapp drei Jahrzehnte später den Ersten nennen wird, hält er hier vor Arbeitern der Krupp-Werke eine flammende Rede. Angesichts der drohenden Niederlage der deutschen Truppen schwadroniert der Monarch: »Wir wollen durchhalten bis zum Letzten. Dazu helfe uns Gott. Wer das Herz auf dem rechten Fleck hat, wer die Treue halten will, der stehe jetzt auf und verspreche mir an Stelle der gesamten deutschen Arbeiterschaft: Wir wollen kämpfen und durchhalten bis zum Letzten. Dazu helfe uns Gott. Und wer das will, der antworte mit Ja!«

Die Antwort wird nicht bei jedem aus vollem Herzen gekommen sein. Die Situation der Bevölkerung in den letzten Kriegstagen ist desolat: Überall im Reich herrscht Mangel – an Nahrung, an Holz und Kohle.

Nach dem verlorenen Ersten Weltkrieg sinkt die Kaufkraft des Geldes in Deutschland rapide bis zur Hyperinflation im Jahre 1923. Die Menschen stehen Schlange, um möglichst schnell ihr Geld in Waren umtauschen zu können.

An diesem Tag entdeckt die Polizei im obersten Stockwerk des Hauses Spandauer Straße 33 in Berlin zwei Leichen, eine Frau und einen Mann. Die Frau heißt Marie Rühle. Zwei Zimmer ihrer Wohnung hat sie untervermietet. Der Mann ist der seit vier Tagen vermisste Geldbriefträger Albert Weber.

Der korpulente Endvierziger liegt gefesselt an Händen und Füßen in einem Sessel.

Die Frau, groß und schlank, muss sich heftig gewehrt haben, bevor ihr der Mörder die Kehle durchschnitten hat. Auf dieselbe grausame Art starb auch der Geldbote. Die Wohnung ist voller Blut. Neben den Leichen findet sich die Tasche des Beamten. Sie ist leer. 1900 Mark in Scheinen hat der Mörder erbeutet und einige Münzen sowie Wertbriefe. Viel Geld zu jener Zeit, als ein Arbeiter für sechs Tage Schuften wöchentlich durchschnittlich 60 Mark bekam.

Auf dem Tisch im Wohnzimmer stehen mehrere Teller mit Resten von Bratkartoffeln sowie ein Glas Wasser. Daran haften, wie die Kriminalbeamten schnell herausfinden, Fingerabdrücke, die weder von Marie Rühle noch von dem Briefträger stammen.

Die Methode, Straftäter mittels der Papillarlinien ihrer Fingerkuppen zu überführen, ist zu jener Zeit noch relativ neu in der Verbrechensaufklärung, hat sich aber schon bewährt. In Berlin wird sie seit 1903 eingesetzt.

Ein Abgleich der am Tatort Spandauer Straße 33 gefundenen Abdrücke mit den in der Berliner Verbrecherkartei gesammelten verläuft zur Enttäuschung der Ermittler ohne Ergebnis. Offenbar ist der Doppelmörder zuvor noch nie erkennungsdienstlich behandelt worden, oder die gefundenen Fingerabdrücke stammen von einer dritten, unbeteiligten Person.

Der dringende Tatverdacht fällt auf den Untermieter der ermordeten Marie Rühle. Der hatte sich bei ihr als »Herr Stubenrauch« einquartiert und diesen Namen auch auf einem Schild an der Wohnungstür angebracht.

Bei der Befragung der Hausbewohner durch die Kripo kann sich keiner entsinnen, den Untermieter von Frau Rühle jemals gesehen zu haben. Also gibt es auch keine Beschreibung des mutmaßlichen Mörders.

Schnell kommen die Ermittler dahinter, dass der Name Stubenrauch gefälscht sein muss. Offensichtlich hat der Mörder planvoll gehandelt und sich bereits bei der Anmietung eine falsche Identität gegeben. Möglicherweise, so kann man spekulieren, hat er sich nach dem 1909 verstorbenen Landrat des Kreises Teltow, Ernst von Stubenrauch, benannt.

Jedenfalls hat sich der Täter mit dem sprechenden Decknamen tatsächlich in Rauch aufgelöst und verflüchtigt. Im Falle seiner

Festnahme würde ihn wahrscheinlich der Henker erwarten: »Wer vorsätzlich einen Menschen tödtet, wird, wenn er die Tödtung mit Überlegung ausgeführt hat, wegen Mordes mit dem Tode bestraft«, so sieht es zu dieser Zeit der Paragraf 211 des Strafgesetzbuchs vor.

Doch stattdessen plant der Täter jetzt seinen zweiten Coup ...

Zu Zeiten, als nur wenige Wohlhabende sich ein Konto leisten konnten, überbrachten Geldbriefträger Wertsachen und Geld wie z. B. Renten. Der Bildausschnitt stammt aus einem Gemälde von Ernst Bischoff-Culm (1870–1917). Es ist, soweit bekannt, die einzige künstlerische Darstellung eines Geldbriefträgers.

2

BEDRÜCKTE SILVESTERGALA UND EIN DÜSTERER FREMDER

»Abends von Bekannten verschleppt in einem Lokal, wie es jetzt Hunderte in Berlin gibt, wo bis morgens getanzt wird … Bis jetzt wäre als Bezeichnung die treffendste: ›Der Tanz auf dem Vulkan‹.«

Tagebuchnotiz des Diplomaten und Schriftstellers Harry Graf Kessler (1868–1937) vom 9. Februar 1919

Knapp zwei Monate nach seiner Durchhalterede vor Arbeitern der Waffenschmiede Krupp flüchtet Kaiser Wilhelm II. aus Angst vor einem Militärputsch aus seinem Hauptquartier im belgischen Spa ins Exil in die Niederlande. Am Vortag, dem Schicksalstag des 9. November 1918, hat des Kaisers letzter Kanzler, Prinz Max von Baden, die Regierungsgeschäfte an den SPD-Vorsitzenden Friedrich Ebert übergeben – eigenmächtig, ohne den Monarchen zu kontaktieren. Anschließend rief Eberts Parteikollege Philipp Scheidemann vom Balkon des Reichstags die Republik aus. Reichskanzler Ebert und seine Parteifreunde wollen möglichst schnell eine Nationalversammlung einberufen und freie Wahlen durchsetzen. Ebert träumt zunächst von einer konstitutionellen Monarchie nach britischem Vorbild. Seine ungeliebten Koalitionspartner von der Unabhängigen Sozialdemokratischen Partei Deutschlands (USPD), die sich drei Jahre zuvor von der SPD abgespalten haben, fordern indes eine Räterepublik nach russischem Vorbild.

Bewaffnete Vertreter der linksradikalen Arbeiter- und Soldatenräte versuchen Anfang 1919 die Reichsregierung unter Reichskanzler Friedrich Ebert zu entmachten.

Weihnachten 1918 kommt es in Berlin zu heftigen Kämpfen zwischen den verfeindeten Genossen. Die USPD wird dabei von der rebellierenden Volksmarinedivision unterstützt, Ebert und seine SPD-Kabinettsmitglieder von regulären Truppen des vor Kurzem noch kaiserlichen Heeres. Heiligabend besetzen Matrosen kurzfristig die Reichskanzlei und das Stadtschloss. Dort sterben elf Aufständische und 56 Soldaten des Heeres. Als »Blutweihnacht« gehen diese Tage des Bürgerkriegs in die Geschichte ein. Am vorletzten Tag des Jahres gründet sich die Kommunistische Partei Deutschlands, die KPD. Ihr Vorbild ist eine sozialistische Räterepublik wie Lenins Russland.

So ist Berlin um die Jahreswende 1918/1919 eine Stadt in Aufruhr.

Nur einen Speerwurf entfernt vom Reichstag präsentiert sich derweil seit 1907 das Hotel Adlon, wohl das nobelste, teuerste, extravaganteste und modernste des Deutschen Reichs zu jener Zeit. Der aus Mainz stammende Gastronom Lorenz Adlon hatte es für die irrwitzige Summe von 17 Millionen Goldmark – nach heutigem Wert 350 Millionen Euro – direkt am Brandenburger Tor errichten lassen. Kaiser Wilhelm II. war begeistert und kam gern aus seinem zugigen Schloss in das komfortable Hotel. Angeblich nutzte er die Diskretion des geschulten Personals für heimliche Amouren. Doch belegt ist dies nicht.

Lorenz Adlon (1849–1921) hatte sich hoch verschuldet für seinen Lebenstraum: das beste Hotel des deutschen Kaiserreichs zu bauen und zu besitzen.

Während der Straßenkämpfe im Dezember 1918 und Januar 1919 versuchen sowohl Aufständische als auch Regierungssoldaten mehrfach, das Hotel zu besetzen. Während viele Menschen im besiegten Deutschland hungern, sind die Vorratskeller im Adlon mit erlesenen Speisen und teuren Weinen gut gefüllt. Das hat sich herumgesprochen. Dank der rheinisch-gewitzten Art von Lorenz Adlon und seines Sohnes Louis und dank ihrer guten Beziehung zum Militär übersteht das renommierte Haus die Straßenkämpfe jedoch ohne großen Schaden und ohne Plünderungen.

Nach der Karte

Krebschwänze in Dill 8,—
Geflügelsalat 8,—
Gänseleberpastete 10—
Gänseleberterrine 32,—
Schwed. Vorspeisen 10,—

Hafergrütze-Suppe 1,50

Hechtschnitzel, gebraten 7,—
Rheinsalm in Burgunder 14,—
Seezunge Müllerinart 10,—

Ochsenstück (100 gr.)
mit Gemüsen geschmort 8,—
Junges Huhn gebraten 15,—

Grüne Bohnen — Erbsen 2,50
Blumenkohl — Karotten 2,50

Kirschenkompott 2,—
Thüringer oder Gervais-Käse 3,—

Nur die Hautevolee konnte es sich leisten, im Adlon zu dinieren, wie diese Speisekarte belegt. Ein einfacher Arbeiter hätte einen kompletten Wochenlohn opfern müssen für eine Portion Gänseleberpastete.

Während im Adlon die Vorbereitungen für die Silvestergala laufen, erhalten Lorenz Adlon wie auch andere wohlhabende Berliner Geschäftsleute, die zu seinen Gästen gehören, anonyme mit Schreibmaschine verfasste Briefe. Der unbekannte Verfasser warnt darin vor einem unmittelbar bevorstehenden Staatsstreich des linksrevolutionären Spartakusbundes.

In dem Schreiben heißt es: »Die Spartakistengruppe beabsichtigt am 4. Januar 1919 die jetzige Regierung zu stürzen und neben der Reichsbank auch die Großbanken und das Postscheckamt zu beschlagnahmen. Wenn Sie Ihr Geld in Sicherheit bringen wollen, so lassen Sie Ihr Bankguthaben per Wertbrief und Ihr Postscheckguthaben per Zahlkarte an Ihre eigene Adresse schicken. Es liegt in Ihrem Interesse, diese Mitteilung streng geheim zu halten.« Unterschrift: »Ein Geschäftsfreund, der aus begreiflichen Gründen unbekannt bleiben möchte.«

Auch die Tageszeitung *B.Z. am Mittag* ist in den Besitz des obskuren Briefes gelangt und hat den Text abgedruckt. Ein hellsichtiger Redakteur vermutet, bei dem Schreiben könne es sich um die Finte eines Räubers handeln, der die Absicht habe, einen Geldbriefträger zu überfallen. Aber kaum jemand glaubt der Zeitung. Die meisten Leser sind tatsächlich überzeugt, das neue Jahr 1919 beginne mit einer Revolution nach russischer Machart mit Tod und Terror.

Entsprechend gedämpft ist die Stimmung der Wohlhabenden bei der Silvestergala im Adlon.

Selbst im Krieg waren die Bälle im Adlon legendär und opulent. Aber nun schleicht sich Beklommenheit in die auf etwa hundert Personen geschrumpfte Gästeschar.

»Die Silvesternacht war im Grunde genommen recht düster«, schreibt Lorenz' Schwiegertochter Hedda Adlon in ihren 1955 erschienenen Erinnerungen. »Natürlich spielte die Musik, selbstverständlich war das Essen ausgezeichnet. Im Innern erstrahlte das Haus in seiner ganzen Lichterflut, denn wir hatten eine eigene Elektrizitätsanlage. Aber unsere Gäste waren uneinheitlich. Von der alten Schicht weilten nur noch wenige im Hause. Das waren Bekannte aus Berlin, die bei uns in der Nacht feiern wollten. Während des Tanzes hatte es den Anschein, als ob die Männer und Frauen mit einem halben Ohr nach draußen lauschten, ob nicht Schüsse zu hören seien.«

An der Hotelbar, so schildert Hedda Adlon eine im Nachhinein aufschlussreiche Szene, habe ein loyaler Leutnant des regierungstreuen Militärs, der mit einigen Soldaten für die Sicherheit der feudalen Herberge sorgt, einen Cognac trinkenden, dunkelhaarigen Herrn mit schwarzem Bart entdeckt. Der sei dem Offizier, der zur Feier des Jahreswechsels seine Uniform gegen einen Frack getauscht hat, deshalb aufgefallen, weil er nur einen schwarzen Anzug getragen habe, während alle anderen Herren mindestens im Smoking erschienen waren.

Der Leutnant habe den Barmann gefragt, wer denn dieser Mann sei. Der Barmann muss passen, fragt aber einen Kollegen, der Bescheid weiß. Das sei Baron Winterfeldt. Laut Hedda Adlon spottet der Offizier nun angesichts des düsteren Aussehens des Mannes im Anzug: »Das ist kein Baron Winterfeldt. Das ist ein Baron Dostojewski. Mit diesem Baron Dostojewski werdet ihr noch was erleben.«

Er soll Recht behalten.

Vertraulich!
==============

Die Spartakusgruppe beabsichtigt, am 4. Januar 1919 die jetzige Regierung zu stürzen und neben der Reichsbank auch die Grossbanken, sowie das Postscheckamt zu beschlagnahmen.

Wenn Sie Ihr Geld in Sicherheit bringen wollen, so lassen Sie sich Ihr Bankguthaben per Wertbrief und Ihr Postscheckguthaben per Zahlkarte an Ihre eigene Adresse anweisen.

Es liegt in Ihrem eigenen Interresse, diese Mitteilung streng geheim zu halten.

Ein Geschäftsfreund,
der ausbegreiflichen Gründen
unbekannt bleiben will.

Abschrift des Originalschreibens vom Dezember 1918, in dem ein Unbekannter vor einem Staatsstreich der Spartakisten warnt.

3

VERHÄNGNISVOLLE ZIGARREN

»Die Witwen-Pension meiner Mutter brachte ursprünglich monatlich der Geldbriefträger Herr Stapelfeld. Ich weiß noch seinen Namen, denn er war zu der Zeit der ›wichtigste Mann‹ aus dem ›Generalsviertel‹ zwischen Lützowplatz und Zoo, wohin wir Ende 1919 umgezogen waren.«

Aus den Erinnerungen des 1908 geborenen Berliners Henning Wenzel

Am 2. Januar 1919 peitschen Schüsse über den Pariser Platz vor dem Adlon. Spartakisten kämpfen gegen Freikorps und reguläre Truppen. Davon lässt sich der gewissenhafte Geldbriefträger Oskar Lange jedoch nicht Bange machen. Gegen zehn Uhr am Vormittag betritt er, schwer bepackt mit zwei Taschen und einem Sack, die Lobby des Hotels.

Der diensthabende Concierge kennt den 58 Jahre alten Briefträger vom Postamt W 8 an der nahen Französischen Straße seit Jahren. Wenn er Wertpost für einen Hotelgast hat, nennt Lange dem Portier dessen Namen. Der ruft dann den Gast per Haustelefon an. Normalerweise kommt der Adressat einer Wertsendung in die Halle, um sich die Gelder dort persönlich auszahlen zu lassen oder eine Nachnahmesendung in Empfang zu nehmen und dem Briefträger die genannte Summe auszuhändigen.

An diesem Tag ist es anders. Lange vertraut dem Mann hinter dem imposanten Tresen an, er habe Wertsendungen für Baron

Winterfeldt und beabsichtige, sie ihm persönlich aufs Zimmer zu bringen und dort auch zu kassieren. Als Grund für sein ungewöhnliches Verhalten verrät der Beamte, er kenne den Baron.

Tatsächlich hat der Mann, der sich von Winterfeldt nennt, schon einen Tag vor Heiligabend im Adlon eingecheckt und während des unruhigen Weihnachtsfests in dem relativ sicheren Refugium logiert. Während dieses Aufenthalts beschenkt er Lange mit in jenen Tagen des allgemeinen Mangels heißbegehrten Schinkenbroten und Zigarren.

Wohl auch diesmal hofft Lange auf milde Gaben des so spendablen vermeintlichen Barons.

Wenn man Hedda Adlons Memoiren Glauben schenkt, in denen sie sich auf Erzählungen ihres Mannes und ihres Schwiegervaters beruft, raunt der Geldbriefträger dem Concierge zu: »Was glauben sie, wie sich meine Olle und mein Junge gefreut haben! Rufen Sie den Mann an, und sagen Sie ihm, ich käme rauf.«

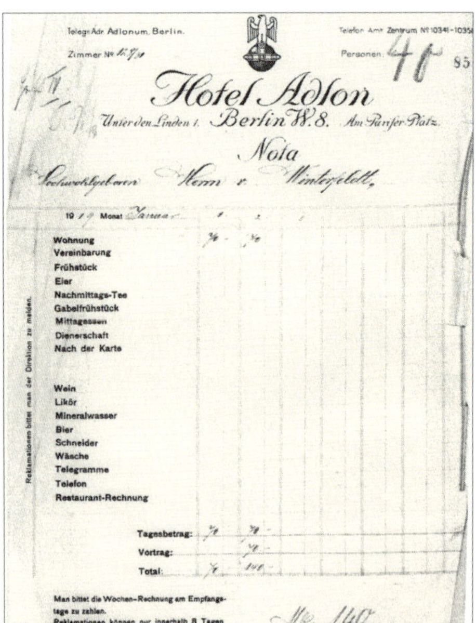
Telegr. Adr. Adlonum, Berlin. Telefon Amt Zentrum Nr 10341-1035

Zimmer Nr

Personen:

Hotel Adlon

Unter den Linden 1. Berlin W. 8. Am Pariser Platz.

Nota

Hochwohlgeboren Herrn v. Winterfeldt,

19 19 Monat Januar

Wohnung
Vereinbarung
Frühstück
Eier
Nachmittags-Tee
Gabelfrühstück
Mittagessen
Dienerschaft
Nach der Karte

Wein
Likör
Mineralwasser
Bier
Schneider
Wäsche
Telegramme
Telefon
Restaurant-Rechnung

Tagesbetrag:
Vortrag:
Total:

Reklamationen bittet man der Direktion zu melden.

Man bittet die Wochen-Rechnung am Empfangstage zu zahlen.
Reklamationen können nur innerhalb 8 Tagen berücksichtigt werden.

Mk. 140.–

Eine Rechnung als Beleg, dass der angebliche Baron Winterfeldt tatsächlich im Hotel Adlon abgestiegen ist.

Bevor der Hotelangestellte das Telefon in der Suite 130, die Winterfeldt bewohnt, klingeln lässt, habe er den Beamten lächelnd gewarnt: »Herr Lange, lassen Sie das lieber bleiben! Sie wissen doch, da hat die Geschichte mit den Briefen in der *B.Z. am Mittag* gestanden. Nachher ermordet Sie der Baron noch!«

Den mahnenden Worten zum Trotz macht sich der Beamte auf den Weg zur Treppe in den ersten Stock ...

Am Nachmittag dieses zweiten Tages des Jahres 1919 machen sich Langes Kollegen vom Postamt W 8 Sorgen, weil der als äußerst zuverlässig bekannte Beamte noch immer nicht von seiner Tour zurückgekehrt ist. Zunächst heißt es, sein erster Zustellungsauftrag habe Lange ins Hotel Bristol geführt, das nur wenige Minuten zu Fuß vom Adlon ebenfalls am Prachtboulevard Unter den Linden steht. Als sich keiner der Bristol-Angestellten an einen Besuch Langes an diesem Tag erinnern kann, informiert Vize-Postdirektor Boedtke die Kriminalpolizei. Trotz anhaltender Straßenkämpfe kommt die Staatsmacht und durchsucht den gesamten riesigen Bristol-Komplex. Ergebnislos.

Ein Missverständnis führt dazu, dass nicht auch das Adlon durchsucht wird. Beim Anruf eines Postbeamten erklärt ein Mitarbeiter, er habe gesehen, wie Lange gegen 10.30 Uhr das Haus verlassen habe.

Trotz der beruhigenden Nachricht erscheinen am späten Nachmittag zwei Kriminalpolizisten im Adlon. Sie werden von einem höheren Beamten der Berliner Oberpostdirektion begleitet. Es geht nämlich nicht nur um den vermissten Briefträger, sondern um viele, sehr viele Wertsachen, die der Bote dabeihatte: Teurer Schmuck, Wertbriefe sowie 270.000 Mark in Tausender-Banknoten, etwa so viel wie damals ein Universitätsprofessor in dreißig Berufsjahren verdient hat.

Zur Jahreswende 1918/1919 herrschte Chaos in Berlin. Regierungstruppen kämpften gegen Revolutionäre um die Macht.

Am nächsten Tag, dem 3. Januar 1919, leidet Berlin immer noch unter dem Ausnahmezustand. Straßenkämpfe zwischen regulären Truppen und Spartakisten lähmen das öffentliche Leben. Viele Berliner haben Probleme, zu ihren Arbeitsplätzen zu gelangen. So kommt auch der Concierge nicht, mit dem Geldbriefträger Lange am Vortag so vertraulich geplaudert hat.

Die Polizisten tappen im Dunkeln. Routinemäßig befragen sie jeden Hotelangestellten, der am Tag zuvor Dienst hatte. Es ist dann der Damenfriseur Fischwasser, der den richtigen Hinweis gibt. Laut Hedda Adlon sagt er aus: »Geldbriefträger Lange? Natürlich, den habe ich gesehen. Es war im ersten Stock, da bin ich ihm begegnet, als er das Appartement betrat, in dem sonst immer Generaldirektor Heinke vom Norddeutschen Lloyd wohnte …« Doch habe er nicht gesehen, dass Lange die Suite 130 wieder verlassen habe.

Die Polizisten klopfen an die Tür der Zimmerflucht. Keine Antwort. Sie drücken die Klinke nieder. Verschlossen. Beim Concierge fehlt der Zimmerschlüssel. Mit dem Generalschlüssel öffnen die Beamten die Tür, betreten zunächst den Schlafraum des Apartments, erblicken Reisegepäck. Das Bett wirkt nicht, als ob jemand darin geschlafen hätte. Im Wohnzimmer, dem mittleren Raum der Suite 130, ist es düster. Die Jalousien sind heruntergelassen. Erst als einer der Ermittler den Lichtschalter betätigt, wird grausame Wirklichkeit, was bis dahin Verdacht oder schlimme Ahnung war: Der Geldbriefträger Oskar Lange ist ermordet worden. Hände und Füße sind auch hier an einen Sessel gefesselt. Die Beine grotesk verrenkt. Offensichtlich mit einem Seil erdrosselt, das eng an seinem Hals anliegt. Geknebelt mit einem Taschentuch. Ein Badelaken halb über den Kopf der Leiche gestülpt. Die Mütze ist noch zur Hälfte sichtbar.

Dieses erstmals veröffentlichte Foto vom Tatort in Suite 130 zeigt den erdrosselten Geldbriefträger Oskar Lange an einen Sessel gefesselt. Der Mörder hat ein Handtuch über den Kopf des Toten gelegt.

Höchst merkwürdig kommt den Kriminalbeamten vor, was sie außer dem Erdrosselten am Tatort finden: einen leeren Koffer, groß genug, um die Leiche einer erwachsenen Person darin zu transportieren. Auf dem Boden eine Menge geöffneter Briefumschläge. Auf dem Tisch ein Aschenbecher mit einer angerauchten Zigarre und ein Glas Wasser. In der gefüllten Badewanne schwimmen aufgeweichte Butterbrotreste. Leer die Taschen des Boten. Kein einziger verwertbarer Fingerabdruck.

Wenig Hoffnung machen sich die Ermittler bei der Überprüfung des Namens, egal in welcher Schreibweise, ob »von Winterfeld« oder »von Winterfeldt«, wie im Anmeldeformular vermerkt. Der Mörder von Suite 130 hatte sich des klangvollen Namens eines weit verzweigten märkischen Uradelsgeschlechts bedient, das eine Reihe von Prominenten hervorgebracht hat, darunter den 1906 verstorbenen Kavallerie-General Wilhelm von Winterfeldt.

Trotz der widrigen äußeren Umstände in der von Streiks und andauernden Straßenkämpfen gebeutelten Hauptstadt der ersten deutschen Republik machen sich die Mordermittler mit Eifer an die Arbeit. Anfang Januar 1919 beginnen tatsächlich die Kämpfe, die später nach den daran beteiligten Marxisten vom Spartakusbund als »Spartakusaufstand« bezeichnet werden. Kommunistische Revolutionäre besetzen kurzfristig das Zeitungsviertel, ebenso das Polizeipräsidium der Hauptstadt am Alexanderplatz. Reichskanzler Ebert ruft das Militär zu Hilfe. Zusammen mit den ebenfalls anmarschierten paramilitärisch organisierten Freikorps gelingt es am 12. Januar, die Revolution niederzuschlagen. 165 Menschen kommen ums Leben.

Eine spezialisierte Mordkommission, wie sie heute jeder *Tatort*- und *Polizeiruf*-Zuschauer kennt, gibt es damals noch nicht in Berlin. Zur Mordbereitschaft wird ein Beamter einfach eingeteilt, ganz gleich welche Delikte er sonst bearbeitet.

Kriminalkommissar Ernst Gennat ist damals 39 Jahre alt, hat vor seiner Polizeilaufbahn ein Jurastudium abgebrochen und wird wegen seiner auf drei Zentner geschätzten Figur von seinen Kollegen »Buddha« genannt. Er übernimmt nun den Mordfall Adlon. Der Sohn eines Justizbeamten ist in jener Zeit einer von vielen Kommissaren der Berliner Kriminalpolizei. Schon zu Kaisers Zeiten hat er erfolgreich eine Reihe von Kapitalverbrechen aufgeklärt. Anders als viele seiner Kollegen, die Tatverdächtige häufig anschreien oder sogar körperlich misshandeln, zeichnet sich Gennat durch eine Verhörtechnik aus, die großes psychologisches Einfühlungsvermögen beweist. Er ordnet an: »Wer einen Beschuldigten anfasst, fliegt raus. Unsere Waffen sind Gehirn und Nerven.« So zitiert die Berliner Polizeihistorikerin Regina Stürickow in ihrem Buch *Der Kommissar vom Alexanderplatz* den überzeugten Demokraten mit dem Elefantengedächtnis.

Mitte der 20er-Jahre wird der inzwischen zum Kriminalpolizeirat beförderte »volle Ernst«, so sein zweiter Spitzname, die »Zentrale Mordinspektion« gründen. Sie besteht aus Beamten, die auf die Aufklärung von Tötungsdelikten spezialisiert sind. Zudem legt er eine »Zentralkartei für Mordsachen« an und lässt von der Daimler-Benz AG einen Mordbereitschaftswagen konstruieren, in dem alle für die Spurensicherung notwendigen Gerätschaften vorhanden sind. Der Berliner Volksmund nennt das Gefährt schlicht »Mordauto«.

Da Gennat bei der Verbrechensaufklärung gern und erfolgreich mit der Presse zusammenarbeitet, wird er zum populären Medienstar. In seinem plüschig eingerichteten Dienstzimmer, an dessen Wand ein aus der Spree gefischter präparierter Frauenkopf hängt, bekommt er häufig Besuch von Kollegen aus anderen Städten. Auch bekannte Zeitgenossen wie der Kinostar Charlie Chaplin, der Schriftsteller Heinrich Mann und der britische Krimiautor Edgar Wallace suchen seinen Rat. 1931 setzt Fritz Lang, übrigens auch einer der vielen prominenten Adlon-Gäste, dem genialen Kriminalisten mit dem Meisterwerk *M – eine Stadt sucht einen Mörder* ein filmisches Denkmal.

Die Aufklärungsquote von Gennat und seinen Kollegen der »Zentralen Mordinspektion« während der Weimarer Republik war mit 94,7 Prozent sensationell hoch. Zum Vergleich: 2016 betrug sie in der Bundesrepublik laut Statistik-Portal 93,2 Prozent – unter Einsatz aller moderner Ermittlungstechniken. Bis zu seinem Tod am 20. August 1939, wenige Tage vor Beginn des Zweiten Weltkriegs, konnte Gennat in seinen 33 Jahren im Polizeidienst exakt 298 Morde aufklären.

Kriminalkommissar Ernst Gennat ließ in den 1920er-Jahren das von den Berlinern sogenannte »Mordauto« bauen, ein Mercedes-Fahrzeug, in dem sich alle zur Spurensicherung am Tatort nötigen Gerätschaften befanden.

33 Jahre lang ermittelte der Kriminalbeamte Ernst Gennat (1880–1939) bei Kapitalverbrechen. Es gelang ihm und seinen Kollegen von der Berliner Mordinspektion, 289 Tötungsdelikte aufzuklären.

4

KEINE SPUR
VOM TÄTER

»Fast scheint es, als sollten diese Mordtaten, die grausigsten aus der Berliner Kriminalgeschichte, ungesühnt bleiben.«

Kriminalkommissar Ernst Gennat (1880–1939)

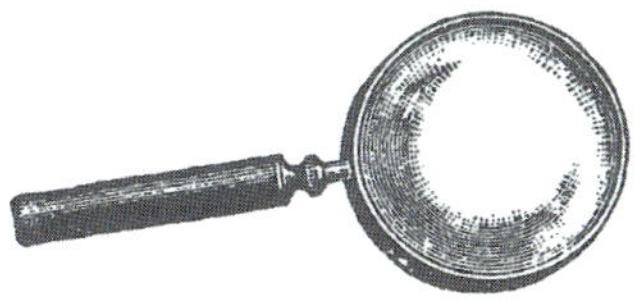

Noch am selben Tag, an dem die Leiche des Geldbriefträgers Lange in Suite 130 entdeckt wird, berichten die Berliner Zeitungen groß über den »Raubmord im Adlon«. So auch die *B.Z.* in ihrer Abendausgabe: »Ein furchtbares Verbrechen wurde heute im Hotel Adlon am Pariser Platz Unter den Linden entdeckt. Der Geldbriefträger Oskar Lange ist dort gestern von einem unbekannten Verbrecher, der sich als Hotelgast unter dem Namen Hans von Winterfeld eingeschlichen hatte, ermordet und beraubt worden.« Der Fall, schreibt das Blatt weiter, erinnere an den Mord an dem Geldbriefträger Weber in der Spandauer Straße im September 1918. Lange war, wie die *B.Z.* weiß, »ein allgemein beliebter Beamter, der in seinem Revier viele persönliche Freunde besaß. Am Neujahrstage kam sein Sohn nach vierjähriger Abwesenheit aus dem Feld zurück ...«

Auf derselben Seite erinnert die Zeitung an ihre Meldung vom 30. Dezember 1918. Da hatte sie von »einem seltsamen

›Warnungsschreiben‹« an eine Anzahl Firmen im selben Postzustellbezirk berichtet, in dem ein anonymer Absender vor einem drohenden Spartakusputsch warnte und riet, Gelder von den Banken abzuziehen und sie durch einen Geldbriefträger an sich selbst schicken zu lassen. »Unsere Warnung war völlig berechtigt«, schreibt der Redakteur mit kaum verhohlenem Eigenlob und kritisiert: »Es ist sehr bedauerlich, daß der Angelegenheit von der Kriminalpolizei nicht mehr Interesse entgegengebracht wurde.«

Polizei und Staatsanwaltschaft stehen unter Druck. Revolution hin, Revolution her setzen die Beamten alles daran, das spektakuläre Verbrechen, das Zeitungen in ganz Deutschland vermelden, schnell aufzuklären. Wahrscheinlich, dass der Tatort Adlon den Ermittlungseifer der monarchistisch gesinnten Kriminalisten zusätzlich beflügelt.

Die seit dem Oktober 1904 vom Ullstein-Verlag herausgegebene »B.Z. am Mittag« war die erste deutsche Boulevardzeitung. Ihre Redakteure wussten stets, was, wann, wo, warum geschah.

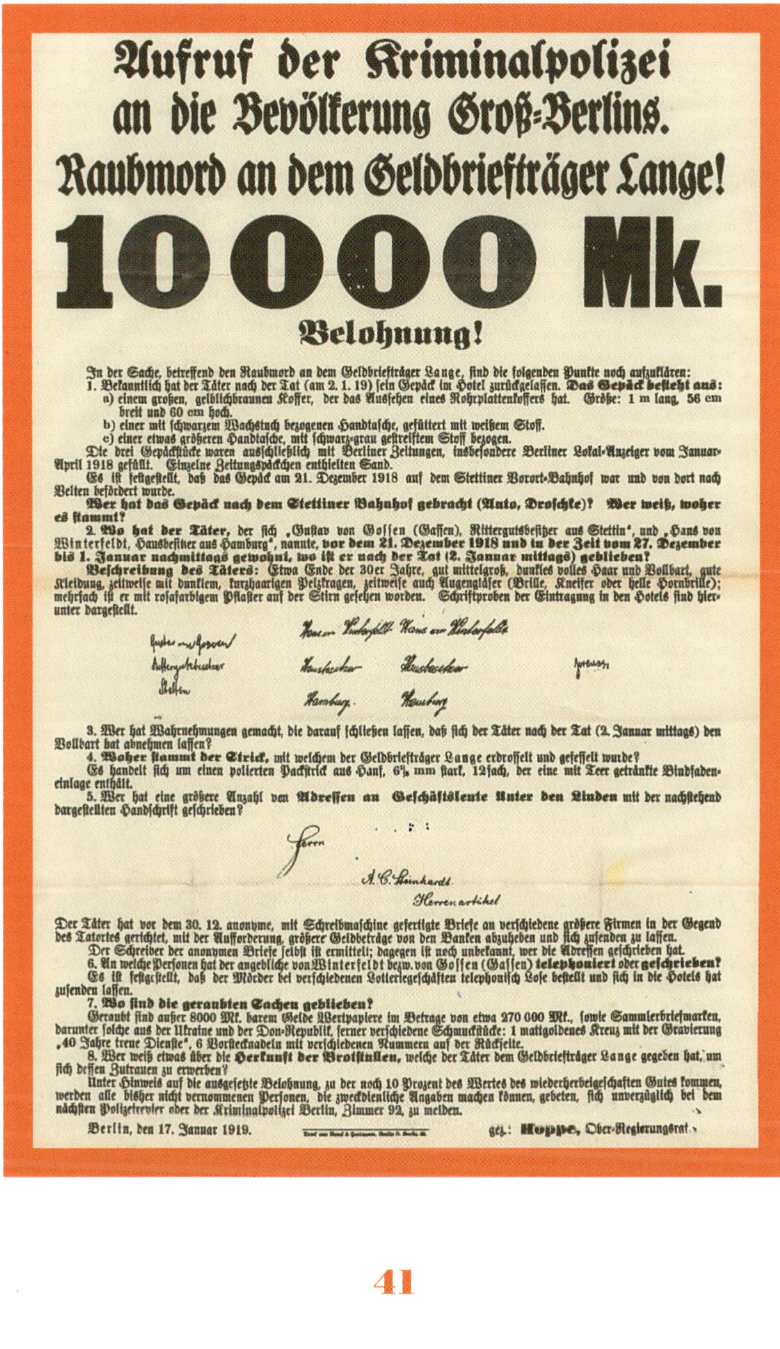

Aufruf der Kriminalpolizei an die Bevölkerung Groß-Berlins.

Raubmord an dem Geldbriefträger Lange!

10000 Mk.

Belohnung!

In der Sache, betreffend den Raubmord an dem Geldbriefträger Lange, sind die folgenden Punkte noch aufzuklären:

1. Bekanntlich hat der Täter nach der Tat (am 2. 1. 19) sein Gepäck im Hotel zurückgelassen. **Das Gepäck besteht aus:**
   a) einem großen, gelblichbraunen Koffer, der das Aussehen eines Rohrplattenkoffers hat. Größe: 1 m lang, 56 cm breit und 60 cm hoch.
   b) einer mit schwarzem Wachstuch bezogenen Handtasche, gefüttert mit weißem Stoff.
   c) einer etwas größeren Handtasche, mit schwarz-grau gestreiftem Stoff bezogen.

Die drei Gepäckstücke waren ausschließlich mit Berliner Zeitungen, insbesondere Berliner Lokal-Anzeiger vom Januar-April 1918 gefüllt. Einzelne Zeitungspäckchen enthielten Sand.

Es ist festgestellt, daß das Gepäck am 21. Dezember 1918 auf dem Stettiner Vorort-Bahnhof war und von dort nach Velten befördert wurde.

Wer hat das Gepäck nach dem Stettiner Bahnhof gebracht (Auto, Droschke)? Wer weiß, woher es stammt?

2. **Wo hat der Täter,** der sich „Gustav von Gossen (Gassen), Rittergutsbesitzer aus Stettin", und „Hans von Winterfeldt, Hausbesitzer aus Hamburg", nannte, **vor dem 21. Dezember 1918 und in der Zeit vom 27. Dezember bis 1. Januar nachmittags gewohnt, wo ist er nach der Tat (2. Januar mittags) geblieben?**

Beschreibung des Täters: Etwa Ende der 30er Jahre, gut mittelgroß, dunkles volles Haar und Vollbart, gute Kleidung, zeitweise mit dunklem, kurzhaarigen Pelzkragen, zeitweise auch Augengläser (Brille, Kneifer oder helle Hornbrille); mehrfach ist er mit rosafarbigem Pflaster auf der Stirn gesehen worden. Schriftproben der Eintragung in den Hotels sind hierunter dargestellt.

3. Wer hat Wahrnehmungen gemacht, die darauf schließen lassen, daß sich der Täter nach der Tat (2. Januar mittags) den Vollbart hat abnehmen lassen?

4. **Woher stammt der Strick,** mit welchem der Geldbriefträger Lange erdrosselt und gefesselt wurde?
Es handelt sich um einen polierten Packstrick aus Hanf, 6½ mm stark, 12fach, der eine mit Teer getränkte Bindfadeneinlage enthält.

5. Wer hat eine größere Anzahl von **Adressen an Geschäftsleute Unter den Linden** mit der nachstehend dargestellten Handschrift geschrieben?

Der Täter hat vor dem 30. 12. anonyme, mit Schreibmaschine gefertigte Briefe an verschiedene größere Firmen in der Gegend des Tatortes gerichtet, mit der Aufforderung, größere Geldbeträge von den Banken abzuheben und sich zusenden zu lassen.

Der Schreiber der anonymen Briefe selbst ist ermittelt; dagegen ist noch unbekannt, wer die Adressen geschrieben hat.

6. An welche Personen hat der angebliche von Winterfeldt bezw. von Gossen (Gassen) **telephoniert** oder **geschrieben?**
Es ist festgestellt, daß der Mörder bei verschiedenen Lotteriegeschäften telephonisch Lose bestellt und sich in die Hotels hat zusenden lassen.

7. **Wo sind die geraubten Sachen geblieben?**
Geraubt sind außer 8000 Mk. barem Gelde Wertpapiere im Betrage von etwa 270 000 Mk., sowie Sammlerbriefmarken, darunter solche aus der Ukraine und der Don-Republik, ferner verschiedene Schmuckstücke: 1 mattgoldenes Kreuz mit der Gravierung „40 Jahre treue Dienste", 6 Vorstecknadeln mit verschiedenen Nummern auf der Rückseite.

8. Wer weiß etwas über die **Herkunft der Brotstullen,** welche der Täter dem Geldbriefträger Lange gegeben hat, um sich dessen Zutrauen zu erwerben?

Unter Hinweis auf die ausgesetzte Belohnung, zu der noch 10 Prozent des Wertes des wiederherbeigeschafften Gutes kommen, werden alle bisher nicht vernommenen Personen, die zweckdienliche Angaben machen können, gebeten, sich unverzüglich bei dem nächsten Polizeirevier oder der Kriminalpolizei Berlin, Zimmer 92, zu melden.

Berlin, den 17. Januar 1919.

gez.: **Hoppe,** Ober-Regierungsrat.

Überfälle auf Geldbriefträger, die noch bis Anfang dieses Jahrhunderts Postkunden Bargeld und Wertpapiere bis in die Wohnungen lieferten, passierten zwar auch zu Kaisers Zeiten nicht selten. Doch meist blieb es beim Raub. Morde an Geldbriefträgern waren die Ausnahme.

Der erste bekannte Fall dieser Art dürfte auch den preußischen Kriminalbeamten in der Endphase des Kaiserreichs bekannt gewesen sein, erschütterte er doch die österreichische Doppelmonarchie von Kaiser Franz Joseph I. Die raffinierte und heimtückische Vorgehensweise diente als Muster für Nachahmertaten: Enrico von Francesconi, ein verarmter italienischer Adliger, wies sich 1876 in Wien selbst einen geringen Geldbetrag an. Als der Geldbriefträger Johann Guga ihm in seiner Wohnung den Betrag auszahlen wollte, ermordete und beraubte er den betagten Beamten.

1883 schlug dann der ehemalige Kavallerie-Unteroffizier Ernst Sobbe in Berlin dem Geldbriefträger Kossäth den Schädel ein. Wenige später starb in Leipzig ein Kollege Kossäths bei einem Mordanschlag durch einen Mann namens Koppens. Alle drei Geldbriefträgermörder, Francesconi, Sobbe und Koppens wurden schnell gefasst, wegen Mordes zum Tode verurteilt und hingerichtet.

Noch am Abend des 3. Januar 1919 setzen die Behörden also eine ungewöhnlich hohe Belohnung von 10 000 Mark für Hinweise aus, die zur Festnahme des Adlon-Mörders führen. Die Oberpostdirektion legt 5000 Mark drauf. Wenige Tage später klebt an den Litfaßsäulen der Hauptstadt ein »Aufruf der Kriminalpolizei an die Bevölkerung Groß-Berlins. Raubmord an dem Geldbriefträger Lange! 10 000 Mk. Belohnung!«

Detailliert fragt die Kripo nach, wer Angaben über drei mit alten Zeitungen gefüllte Gepäckstücke, darunter der große

Überseekoffer des mutmaßlichen Mörders, machen könne. Die zweite Frage: »Wo hat der Täter, der sich ›Gustav von Gossen (Gassen), Rittergutsbesitzer aus Stettin‹ und ›Hans von Winterfeldt, Hausbesitzer aus Hamburg‹ nannte, vor dem 21. Dezember 1918 und in der Zeit von 27. Dezember bis 1. Januar nachmittags gewohnt, wo ist er nach der Tat (2. Januar mittags) geblieben?«

Als Gustav von Gossen hatte der Mörder im nahen Hotel Bristol logiert, bevor ihm das Adlon geeigneter für seinen Raub erschien. Im Bristol war einer seiner nur mit Sand gefüllten Koffer aufgegangen, was einen Pagen misstrauisch gemacht hatte.

Nicht schlecht die Täterbeschreibung, die sich auf Aussagen der Adlon-Angestellten stützt: »Etwa Ende der 30er Jahre, gut mittelgroß, dunkles volles Haar und Vollbart, gute Kleidung, zeitweise mit dunklem, kurzhaarigen Pelzkragen, zeitweise auch Augengläser (Brille, Kneifer oder helle Hornbrille); mehrfach ist er mit rosafarbigem Pflaster auf der Stirn gesehen worden.« Es folgen Kopien der Unterschriften, mit denen sich Gustav von Gossen alias Hans von Winterfeldt in den Hotels angemeldet hatte.

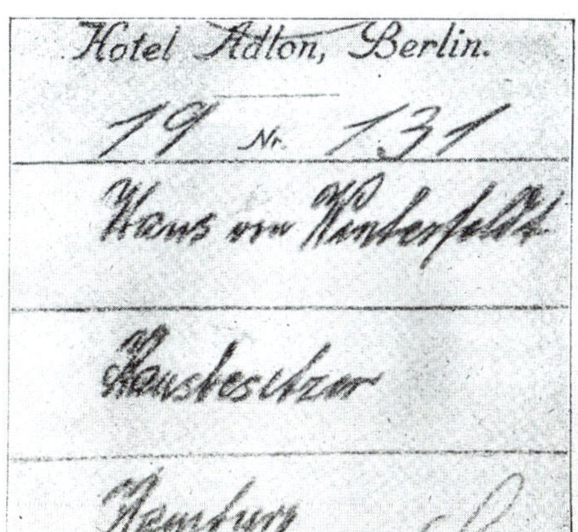
Hotel Adlon, Berlin.

19 Nr. 131

Hans von Winterfeldt

Hausbesitzer

Hamburg

Die Ermittler wollen auch wissen, woher der Strick stammt, mit dem der Geldbriefträger Lange gefesselt und erdrosselt worden ist. Der Täter, da ist sich die Kripo inzwischen sicher, »hat vor dem 30.12.1918 anonyme, mit Schreibmaschine gefertigte Briefe an verschiedene größere Firmen in der Gegend des Tatortes gerichtet mit der Aufforderung, größere Geldbeträge von den Banken abzuheben und sich zusenden zu lassen.« Der Schreiber, ein unbescholtener Dienstleister, ist inzwischen ermittelt worden, jedoch nicht die Person, die die Namen und Anschriften auf die Kuverts getippt hat.

Weiter forscht die Polizei nach dem Verbleib der Wertsachen, die dem erdrosselten Geldboten geraubt wurden. Außer der riesigen Summe an Bargeld und den Wertpapieren handelt es sich um wertvolle Sammlerbriefmarken, Schmuck sowie »ein mattgoldenes Kreuz mit der Gravierung ›40 Jahre treue Dienste‹«. Selbst die »Herkunft der Brotstullen, welche der Täter dem Geldbriefträger Lange gegeben hat, um sich dessen Zutrauen zu erwerben«, interessiert die Ermittler.

Der letzte Absatz der Öffentlichkeitsfahndung lautet: »Unter Hinweis auf die ausgesetzte Belohnung, zu der noch 10 Prozent des Wertes des wiederherbeigeschafften Gutes kommen, werden alle bisher nicht vernommenen Personen, die zweckdienliche Angaben machen können, gebeten, sich unverzüglich bei dem nächsten Polizeirevier oder der Kriminalpolizei Berlin, Zimmer 92, zu melden.« Gezeichnet Hoppe, Ober-Regierungsrat.

Zwölf Tage nach dem Mord, der in der gesamten Republik Schlagzeilen gemacht hat, moniert die *B.Z.*: »Noch immer keine Spur von dem Täter.« Glücklicherweise sei die für Mordermittlungen zuständige Abteilung des Berliner Polizeipräsidiums von »den Umwälzungen der Revolution verschont geblieben, und so konnten sich die alten bewährten Beamten, die seit Jahrzehnten den Kampf gegen die Verbrecherwelt führen, der schwierigen und, alles in allem, noch völlig rätselhaften Mordsache annehmen.« Zwar habe sich das Publikum, »wie immer bei solchen Kapitalverbrechen mit einer Fülle von Bekundungen an die Polizei gewandt«. Doch habe sich der größte Teil dieser Hinweise als wertlos herausgestellt.

Der Geldbriefträger, urteilt der Redakteur mit pietätloser Kälte, sei »unbestritten ein Opfer seiner Sorglosigkeit geworden. Er hat seinen Tod selbst verschuldet, denn er hat gegen die strikten Bestimmungen der Postbehörde gehandelt, als er allein den Hotelgast in dessen Zimmer aufsuchte.«

Kommissar Ernst Gennat erklärt später in den *Erlebnissen Berliner Kriminalkommissare*, herausgegeben von Leo Heller, weshalb er und seine Kollegen zunächst keinen Erfolg bei der Aufklärung des Adlon-Mordes hatten, den er rückblickend als seinen »interessantesten Fall« wertet: »Hunderte von Beamten wurden auf die Spur des Würgers angesetzt. Ein neues Hindernis: Die Januarunruhen durchtoben die Stadt. Nur mit Mühe werden die Akten bei der Beschießung des Polizeipräsidiums vor der Vernichtung gerettet. Das furchtbare Verbrechen tritt schnell in den Hintergrund. Tausende von Ausschreiben, Plakaten und Handzetteln – vergeblich! Jahre gehen dahin. Fast scheint es, als sollten diese Mordtaten, die grausigsten aus der Berliner Kriminalgeschichte, ungesühnt bleiben.«

Fast. Es soll noch mehr als dreieinhalb Jahre dauern, bis die Zeitungen schreiben können: »Briefträgermord im Adlon aufgeklärt.«

5

ieder mit der
Spartakusbundes
Arbeiter
seid einig!
Für die
National=
Versammlung
Gegen
und Ana
jeden
von
von
Frauen
Nutzt am 19.
Euer

DIE ZWANZIGER – NOCH NICHT EINMAL SILBERN

»Dem Deutschen Volk muß man wünschen, daß es sich ein Herz fasse zu seiner Republik, daß es seinen Staat, will sagen: sich selbst wieder achten lerne und die Anarchie besiege ...«

Thomas Mann (1875–1955) im Dezember 1922
in der Frankfurter Zeitung

Die 20er-Jahre der Weimarer Republik werden gern als »die goldenen Zwanziger« beschrieben. Der Krieg mit insgesamt 7,94 Millionen Gefallenen, davon 1,8 Millionen Deutsche, ist vorbei. Der Kaiser hat abgedankt, führt ein komfortables Exilleben in den Niederlanden, Adel und Monarchie sind abgeschafft, Frauen dürfen wählen. Doch die noch junge deutsche Republik ist fragil, bekämpft von radikalen Rechten und Linken.

Auch Kurt Tucholsky verspottet sie: »Wir dachten unter kaiserlichem Zwange / an eine Republik und nun ists die / Man möchte immer eine große Lange / und dann bekommt man eine kleine Dicke – / Ssälawih«

C'est la vie!

Der Kunsthistoriker Rainer Metzger schildert die Lage in der Hauptstadt so: »Die 1920er Jahre sind Berlins goldenes Jahrzehnt. Berlin erfährt in den 20ern einen ungeheuren Modernisierungsschub und ist plötzlich eine moderne, rasante Weltstadt, die nicht mehr schlafen geht und zum ewigen Sehnsuchtsort hedonistischer Phantasie wird.«

So reist die bereits am Broadway umjubelte Burlesque-Tänzerin Josephine Baker nach Berlin und tritt barbusig im Bananenrock im Nelson-Theater am Ku'damm auf. Im Admiralspalast startet die Revue »Heut' bin ich verliebt«. Kabaretts wie das »Tingel-Tangel-Theater« oder Werner Fincks »Katakombe« finden ein begeistertes Publikum. Schwulsein ist nun kein Tabu mehr. Obwohl Sex unter Männern nach wie vor verboten ist, gibt es in Berlin viele stillschweigend geduldete Homo-Clubs, und Lesbierinnen nennen sich »kesse Väter«. Wenn der alte Gassenhauer erklingt »Der Mann mit dem Koks ist da«, weiß jeder, dass damit kein Brennstoff gemeint ist. Ja, und der Alexanderplatz wird zum verkehrsreichsten Platz Europas.

Berlin in den Roaring Twenties wächst und wächst auf vier Millionen Einwohner und steigt nach London und New York zur drittgrößten Stadt der Welt auf. Wer in Berlin wer ist, ist überall wer.

Doch diese Retrospektive trifft überwiegend für die zweite Hälfte der 20er-Jahre zu, also die Zeit von 1924 bis zur Weltwirtschaftskrise 1929.

Tatsächlich sind die ersten Jahre der Weimarer Republik für die meisten Menschen hart und mühsam. Mehr als vier Millionen deutsche Soldaten kehren als Verwundete heim, sehen sich häufig gezwungen zu betteln, um zu überleben, die Arbeitslosigkeit grassiert und die galoppierende Inflation frisst den Lohn derer, die noch Arbeit haben.

Besichtigt man die ersten Jahre des neuen Jahrzehnts, kommt man unweigerlich zu dem Schluss, dass sie alles andere als golden waren, nicht einmal silbern.

Im Januar 1922 beschließen die Siegermächte des Weltkriegs in Cannes, der Verliererstaat müsse alle zehn Tage 31 Millionen Goldmark zahlen. Im März diktieren sie in Paris, die junge Republik solle für die Kosten der Besatzung jedes Jahr 220 Millionen Goldmark überweisen.

Für ein Kilo Brot, das 1921 noch vier Mark kostete, muss man ein Jahr später 770 Mark bezahlen, 1923, im Jahr der Hyperinflation, 40.000 Mark. Im Juli 1922 ist ein US-Dollar 447 Mark wert, einen Monat später bereits 860 Mark.

Die steigende Inflation verteuert binnen Stunden wichtige Güter und führt zu prekären Verhältnissen in vielen Familien.

»Die Gesellschaft der Weimarer Republik war eine zutiefst gespaltene«, analysiert Arnulf Scriba, Mitarbeiter des Deutschen Historischen Museums in Berlin. Die scheinbaren Gewissheiten des Kaiserreichs, die Dreiteilung in Adel, Bürgertum und Arbeiterklasse sind mit der Niederlage des Reichs vorbei. Selbst für die Arbeiter, immerhin knapp die Hälfte aller Erwerbstätigen, die oft an sechs Tagen in der Woche zehn bis zwölf Stunden schuften müssen, reicht der Lohn häufig nicht, um ihre Familien zu ernähren. Die Folge sind Unter- oder Mangelernährung. Viele Menschen in den Städten, die bis 1933 um 30 Prozent wachsen, sind genötigt, ihre nur wenige Mark teuren Schmuckstücke auf dem Lande bei Bauern gegen Mehl, Fett und Kartoffeln einzutauschen. »Hamsterfahrten«, nennt man diese Ausflüge aus Not.

Die Wohnsituation ist prekär. Häufig hausen Familien mit drei, vier und mehr Kindern auf zwei Zimmern in dunklen Mietskasernen. Das Klo ist eine Treppe tiefer und wird von mehren Parteien benutzt. Gebadet wird einmal in der Woche, denn eine Dusche oder gar eine Badewanne in der Wohnung gilt als Luxus.

Die Not der Arbeiter, festgehalten in einer Karikatur vom Berliner Maler Wilhelm Zille.

Doch auch den kleinen Angestellten, die wegen der hohen Arbeitslosigkeit ständig um ihren Job fürchten müssen, geht es nicht viel besser. Ihre Situation schildert Hans Fallada in seinem 1932 erschienenen Roman *Kleiner Mann – was nun?* eindrucksvoll.

Weil der Lohn der Männer nicht reicht, müssen ihre Ehefrauen oft Heimarbeit machen, oder sie vermieten trotz der Enge ihrer Wohnungen ein Zimmer oder auch nur eine Couch an sogenannte Schlafburschen oder Schlafgänger unter.

Die Gesellschaft der ersten deutschen Republik ist nicht nur gespalten in viele Arme und wenige Reiche, sondern auch politisch. Pazifisten fordern aufgrund der Erfahrungen der Völkerschlachten zwischen 1914 und 1918 ein kategorisches »Nie wieder Krieg«, während alte Frontkämpfer die »Dolchstoßlegende« erzählen und von der Wiederauferstehung eines kraftvollen neuen Reichs träumen. Die Deutschen radikalisieren sich in Rechte und Linke mit der Folge, dass ideologisch motivierte Gewaltverbrechen zunehmen.

Am 24. Juni 1922 wird Walther Rathenau, seit Februar Außenminister, in Berlin auf dem Weg von seiner Wohnung ins Auswärtige Amt von Rechtsterroristen ermordet. Er hatte im April mit dem seit fünf Jahren kommunistischen Russland den Vertrag von Rapallo ausgehandelt, in dem Deutschland und das Lenin-Regime gegenseitig auf Kriegsreparationen verzichten.

Der Anschlag auf Rathenau ist der 354. politische Mordanschlag, den Rechtsradikale seit Gründung der Republik verübt haben – nur 22 Attentate gehen auf das Konto von Linksradikalen. Doch Justitia in der Weimarer Republik ist nicht blind, sondern einäugig. Die Gesamtstrafen für alle rechten Mörder belaufen sich auf 90 Jahre und zwei Monate Zuchthaus bzw. Gefängnis. Gegen die linken Mörder wird zehn Mal die Todesstrafe verhängt, sie bekommen insgesamt 248 Jahre und neun Monate Haft sowie dreimal lebenslänglich.

Adolf Hitler, Führer der NSDAP, angeklagt wegen Landfriedensbruch in München, kommt mit drei Monaten Haft davon. Er hatte den Anführer des Bayernbundes, Otto Ballerstedt, im Löwenbräukeller verprügelt. Wegen guter Führung muss Hitler nur vier Wochen im Gefängnis Stadelheim absitzen, die restliche Haftstrafe wird zur Bewährung ausgesetzt. Von einer Ausweisung des Österreichers ins Nachbarland sehen die bayerischen Behörden ab.

Die Weimarer Republik sei eine »Demokratie ohne Demokraten, eine Republik ohne Republikaner«, stellte der 1923 verstorbene Philosoph und liberale Politiker Ernst Troeltsch resignierend fest.

Kurz vor Weihnachten formuliert Thomas Mann, erfolgsverwöhnter Autor der *Buddenbrooks*, in der *Frankfurter Zeitung* seinen Zukunftswunsch: »Dem deutschen Volk muß man wünschen, daß es sich ein Herz fasse zu seiner Republik, daß es seinen Staat, will sagen: sich selbst wieder achten lerne und die Anarchie besiege«. Wegen der horrenden Inflation hat auch ein Bestsellerautor wie Thomas Mann Geldsorgen. Doch anders als die Arbeiter, Angestellten und Beamten des Landes, die für ihre Löhne und Gehälter immer weniger kaufen können, kommt der Dichter an Devisen. Er hält Vorträge im Ausland, arbeitet für dortige Medien und lässt sich die Honorare in Dollar, Pfund oder Schweizer Franken auszahlen. »Ohne fremdes Geld«, schreibt er an seinen Verleger Samuel Fischer, »könnte man mit einer Familie wie der meinen ja schon heute nicht mehr leben. Wie jedermann bin ich bedacht, welches herbeizuschaffen. Ich gehe nach Holland, später wahrscheinlich nach Schweden und sogar nach Spanien, habe auch eine Korrespondenz für eine amerikanische Zeitung übernommen. So wird man zum tätig sich tummelnden Erwerbsmann auf seine älteren Tage.«

So prekär der Alltag für die Deutschen in jener Zeit war und so instabil sich die politische Situation erwies, so kreativ schafften die Künstler bleibende Werke.

Asta Nielsen hier in der Rolle als Hamlet im gleichnamigen Spielfilm aus dem Jahr 1921.

Eine ganze Reihe von Theaterstücken und Filmen, deren Wirkung man im Rückblick als nachhaltig bezeichnen kann, weil sie heute noch gespielt und vorgeführt werden, erlebte 1922 ihre Erstaufführung: F. W. Murnaus Gruselfilm *Nosferatu*, Eduard Künnekes Operette *Verliebte Leute*, Fritz Langs Krimiklassiker *Dr. Mabuse, der Spieler*, alle in Berlin. In den Münchner Kammerspielen inszenierte Otto Falckenberg erstmals ein Stück von Bert Brecht, *Trommeln in der Nacht*. In Köln eröffnete die Schauburg, mit Platz für 1868 Zuschauer das größte Lichtspielhaus der Republik, mit dem Stummfilm *Hamlet* mit Asta Nielsen in der Hauptrolle. Im Berliner Alhambra-Kino wurde erstmals ein Film mit integriertem Ton aufgeführt. Titel: *Der Brandstifter*. Der S. Fischer Verlag veröffentlichte Hermann Hesses indische Dichtung *Siddhartha*.

Zwei Uraufführungen fanden 1922 in Dresden statt: Im Staatlichen Schauspielhaus inszenierte Gerhart Hauptmann seine dramatische Dichtung *Indipohdi* unter dem Titel *Das Opfer* höchstselbst. Premiere war am 23. Februar. Wenig später, am 11. März, brachte das Neustädter Schauspielhaus erstmals ein Stück mit dem Titel *Simili* eines bis dahin unbekannten Autors, der sich Erich Eilers nannte.

Der geniale Regisseur Fritz Lang (1890–1976) drehte die auch heute noch packenden Kriminalfilme »Dr. Mabuse – Der Spieler« (1922) und »M – Eine Stadt sucht einen Mörder« (1931).

6

THEATERSTÜCK UNTER FALSCHEM NAMEN

»Es ist sinnlos, von einem Stück zu schreiben, das bei Erscheinen dieser Kritik schon rüstig dem Tode entgegengehen wird.«

Ein Rezensent der »Dresdner Woche« über die Uraufführung des unter dem Pseudonym Erich Eilers verfassten Theaterstücks »Simili« am 11. März 1922 im Neustädter Schauspielhaus in Dresden

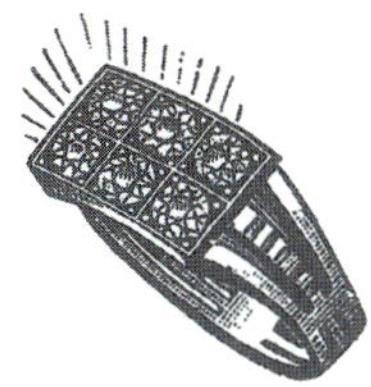

Am 11. März 1922, einem Samstag, steht eine Uraufführung auf dem Spielplan des Neustädter Schauspielhauses in Dresden. Von dem Autor des Stücks mit dem Titel *Simili* hat niemand zuvor gehört. Er nennt sich Erich Eilers – ein Pseudonym, wie sich später herausstellen wird.

Laut den *Dresdner Nachrichten* geht es in der Komödie um eine verarmte englische Gräfin, die ihre Hotelrechnungen mit gefälschten Diamanten bezahlt. Einer der betrogenen Hotelbesitzer bemerkt das und will die Dame ins Gefängnis bringen. Doch die Tochter der Adligen, die Stenografie und Maschineschreiben beherrscht, verspricht, die Schulden ihrer Mama abzuarbeiten. Damit ist der Mann einverstanden, wenn die blaublütige Betrügerin gleichzeitig ihre Schuld mit Kartoffelschälen tilgt. Klar, dass sich der alternde Herr in die junge Gräfin verliebt. Aus diesem Grund kauft er seinen getäuschten Hotelierskollegen alle falschen Edelsteine ab und stellt das gräfliche Gut schuldenfrei. Dann taucht ein abgesprungener

Bräutigam der jungen Gräfin auf, ein echter Lord, und bittet mit neugekauften Verlobungsringen um deren Hand. »No«, sagt die zweifach Umworbene.

Klingt, als wär's ein Stück von Rosamunde Pilcher.

Ein Jahr vor der Uraufführung von *Simili* war das 1875 mit Goethes Versdrama *Iphigenie auf Tauris* eingeweihte ehemalige Dresdner Hoftheater in Neustädter Schauspielhaus umbenannt worden. Zuvor hieß es Albert-Theater nach König Albert, der Sachsen von 1873 bis an sein Lebensende 1902 regiert hat. Nach der Privatisierung des Hauses kurz vor dem Ersten Weltkrieg spielte man dort volkstümliche Komödien, aber auch Stücke von Autoren, die zu jener Zeit als progressiv galten, darunter Dramen von Gerhart Hauptmann, dem bekanntesten Protagonisten des Naturalismus.

Doch im Frühling des Jahres 1922, in dem das Stück *Simili* Premiere hat, steckt das Neustädter Theater in einer schweren Krise. So stellt die *Dresdner Woche* fest, das einst angesehene Haus sei »kompromittiert durch den Dilettantismus der Direktion Voigt, es ist belastet durch das künstlerische Einspruchsrecht von Theaterkonsumenten-Organisationen, die es wiederum braucht, um überhaupt existieren zu können. Die Aufstellung eines weitsichtigen aufbauenden Spielplanes wird bei dem anzunehmenden Zwang, ständig wirtschaftlich zu balancieren, kaum möglich sein.«

Es folgt ein unerbittlicher Verriss der Komödie *Simili*, die das Theater »zu einem baldigen Hungertode führen muß«. Die englische Vorlage, frei bearbeitet von Erich Eilers, scheine eine Komödie »von mäßiger Qualität und geringem Witz und Geist zu sein.« Es sei sinnlos, so der Rezensent mit dem Kürzel F.E.S., »von einem Stück zu schreiben, das bei Erscheinen dieser Kritik schon rüstig dem Tode entgegengehen wird«.

Auch andere Kritiker verreißen das Werk. Von den Theaterbesuchern hingegen sei es, so wird berichtet, mit Jauchzen bejubelt worden. »Herr Eilers«, so kann man in den *Dresdner Nachrichten* vom 13. März 1922 lesen, »hätte sich nicht bemühen brauchen, weder mit einer Übersetzung in das schlechte Deutsch seiner Komödie, in dem ›dieselbe‹ geschrieben ist, noch mit eigener Herstellung solcher Similibrillanten. Um was wollen wir wetten, daß die Komödie ›made in Germany‹ ist und daß sich in Erich Eilers eine schreibbeflissene Dame verbirgt.«

Diese Wette hätte der Rezensent mit dem Kürzel F.Z. verloren. Wenige Monate nach der Uraufführung von *Simili* wird das Rätsel um das Pseudonym Erich Eilers gelöst, jedoch nicht von einem Feuilletonredakteur, sondern von Mordermittlern der Kriminalpolizei in Dresden und Berlin.

Neustädter Schauspielhaus

Uraufführung

Die Kritik dieser Komödie, nach englischem Muster frei bearbeitet von Erich Ellers, gibt der Titel „Simili". Die Vorlage scheint eine Komödie von mäßiger Qualität und geringem Witz und Geist zu sein, die aus einer recht matten Mischung von Sardou, Wilde und Shaw entstanden ist. Sie genügte, um Erich Ellers zu entflammen. Der dünne Aufguß, von ihm nochmal gesiebt oder richtiger mit beigegebenen Aktualitäten verwässert, wurde der künstlerischen Leitung des Alberttheaters präsentiert. Er genügte, um das Alberttheater zur Aufführung zu bewegen.

Es ist sinnlos, von einem Stück zu schreiben, das bei Erscheinen dieser Kritik schon rüstig dem Tode entgegengehen wird. Wichtig aber bleibt es, von einer schauspielerischen Leistung zu sprechen.

… „Simili" zu einer baldigen Hungertode führen muß. Selbst wenn man keine anderen Forderungen stellt, also die an ein gutes Unterhaltungstheater mit Lustspielrepertoire, wird man sagen müssen, daß weder „Lolos Onkel" noch „Simili" sehr unterhaltsam oder lustig gewesen sind.

7

ANGRIFF IN DRESDEN

»Das, Herr Kommissar, ist der Mann, der um die Jahreswende 1918/1919 bei uns gewohnt hat. Er hat sich als Baron Winterfeldt ins Fremdenbuch eingetragen ...«

Der Adlon-Empfangschef bei der Identifizierung des dreifachen Mörders Wilhelm Blume (1874–1922) Anfang August 1922

Dresden, 31. Juli 1922, gegen 9 Uhr. Der 72 Jahre alten Witwe Henriette Klär, die im zweiten Stock des Hauses Töpferstraße 3 wohnt, kommen die leisen Geräusche im Treppenhaus verdächtig vor. Sie blickt durch das Guckloch ihrer Wohnungstür und sieht einen ihr unbekannten Mann, der erst mehrere Zehnmarkscheine auf die Stufen legt und dann versucht, ein Seil am Treppengeländer zu befestigen. Die aufmerksame Frau benachrichtigt die Polizei. Wie, das ist leider nicht überliefert. Private Telefone waren in jener Zeit ein seltener Luxus.

Was direkt danach passiert, darüber gibt es widersprüchliche Angaben. Wahrscheinlich war es so: Der Geldbriefträger Josef Klein verlässt das Haus Töpferstraße 5 in Richtung Töpferstraße 3. Kurz bevor er den Hausflur betritt, erscheint Polizeioberwachtmeister Braecklin im Treppenhaus, sieht die ausgelegten Banknoten und bückt sich nach dem Geld. In diesem Moment stürzt sich ein kräftiger Mann auf den Beamten, in jeder Hand einen Revolver, und schießt zweimal. Bevor der Polizist blutüberströmt zusammenbricht, kann er noch um Hilfe schreien und den Schützen die Treppe hinabstürzen. Der flüchtet, wird jedoch von mutigen Passanten auf der Straße gestellt. Angesichts seiner ausweglosen Situation richtet er einen seiner zwei Revolver gegen sich selbst und schießt sich eine Kugel in die rechte Hand. Er und der schwer verletzte Polizist werden im selben Krankenwagen ins Friedrichstädter Krankenhaus eingeliefert.

Zunächst ist die Identität des Gangsters nicht geklärt. Doch die ermittelnden Dresdner Kriminalbeamten Geibel und Grützner kombinieren, es könne einen Zusammenhang mit den ungeklärten Berliner Geldbriefträgermorden von 1918 und 1919 geben. Offensichtlich hat der Mann, der da mit bandagierter Hand vor ihnen liegt und über heftige Rückenschmerzen klagt, die Absicht gehabt, einen Geldbriefträger mit einer fingierten Wertsendung an einen Mieter ins Haus Töpferstraße 3 zu locken und zu berauben. Die Geldscheine sollten den Mann wohl dazu bringen, sich zu bücken, damit der Täter ihn von hinten niederschlagen und mit dem Seil erdrosseln kann.

Am nächsten Tag setzt sich Geibel in einen Zug nach Berlin. Dort berichtet er seinen Hauptstadtkollegen Kriminalrat Rudolf Tegtmeyer und Kriminalkommissar Ernst Gennat von der Festnahme des mutmaßlichen Raubmörders. Der Sachse und die Preußen beschließen, die drei Verbrechen gemeinsam aufzuklären. Begleitet von dem Adlon-Empfangschef, der Anfang Januar 1919 den angeblichen Baron von Winterfeldt eingecheckt hatte, machen sich die Kriminalisten auf den Weg nach Dresden.

Der Hotelmitarbeiter wird in das gut bewachte Krankenzimmer zu dem Verdächtigen geführt, mustert ihn kurz und ist sich ganz sicher, obwohl der Mann vor ihm nun keinen Vollbart mehr trägt: »Das, Herr Kommissar, ist der Mann, der um die Jahreswende 1918/1919 bei uns gewohnt hat. Er hat sich als Baron Winterfeldt ins Fremdenbuch eingetragen. Es ist der Mann, der mit einem großen Schiffskoffer in jenes Appartement eingezogen ist, in dem später der Geldbriefträger Lange aufgefunden wurde. Dieser Mann, der hier vor mir liegt, hat das Haus heimlich verlassen, ohne seine Rechnung zu bezahlen.« So zitiert Hedda Adlon den Hotelangestellten in ihren Memoiren.

Gennat hat etwas mitgebracht nach Dresden: Fingerabdrücke des unbekannten Doppelmörders aus der Spandauer Straße, die die Spurensicherung an Tellern und einem Glas gefunden und gesichert hatte. Er vergleicht sie mit den Fingerkuppen des Mannes, der vor ihm liegt. In seinen Erinnerungen schildert Gennat den Moment, in dem er den Täter zumindest der ersten beiden Tötungsdelikte zweifelsfrei überführt: »Die Lupe läßt es mit absoluter Sicherheit erkennen: Die Spuren an den Tellern rühren vom linken Daumen, die am Wasserglas vom rechten Zeigefinger.«

Der Mörder, der sich mal Stubenrauch, mal von Gossen, mal von Winterfeldt nannte, heißt tatsächlich Wilhelm Blume und hat unter dem Pseudonym Erich Eilers die Komödie verfasst, die wenige Monate zuvor in Dresden Premiere hatte. Ein weiteres Stück hatte er dem Theater angeboten. Dieses Drama trägt den Titel *Der Fluch der Vergeltung* und handelt vom Mord an einem Geldbriefträger.

Der festgenommene Wilhelm Blume gesteht alle drei Morde in Berlin. Er tut dies ohne jede Umschweife und ohne eine erkennbare Gefühlsregung. Sein Tatmotiv erschüttert selbst die hartgesottenen Kriminalbeamten. Es ist bis heute höchstwahrscheinlich einmalig in der Geschichte des Verbrechens.

8

SCHRIFTSTELLER IM VERHÖR

»Ich bin ein Schriftsteller, so groß wie Schiller und Goethe. Noch zwei, drei Morde und ich hätte alles Geld für mein Lebenswerk zusammen gehabt. Sagen Sie selbst, was ist schon das Leben von ein paar unbedeutenden Geldbriefträgern gegen das Lebenswerk eines Genies.«

Wilhelm Blume während seiner Vernehmung im August 1922 durch Berliner und Dresdner Kriminalbeamte

Zwanzig eng beschriebene Schreibmaschinenseiten umfasst die Niederschrift des Verhörs von Wilhelm Blume durch Beamte der Berliner und Dresdner Kriminalpolizei am 4. August 1922. Die fast hundert Jahre alten Dokumente haben die Weimarer Republik und den Zweiten Weltkrieg überstanden. Sie werden heute im Landesarchiv Berlin aufbewahrt und belegen, wie einfühlsam und psychologisch gekonnt die Verhörtechnik der Beamten damals bereits war.

Am Anfang der Aufzeichnungen heißt es: »Im Friedrichstädter Krankenhaus wird heute vernommen der Schriftsteller Wilhelm Blume, 20. Juni 1874 in Amsterdam geboren, Holland, ... bis zu seiner Festnahme Windmühlenstraße 13 b. Schleif unangemeldet, Preuße, evangelisch.«

Es folgen seine Vorstrafen aus den Akten des Polizeipräsidiums Berlin. 1912 »Sportvergehen« – was immer das heißen mag, vermutlich ging es um illegale Wetten –, drei Monate Gefängnis,

1913 vom Schöffengericht Berlin-Mitte »wegen Vergehens gegen das Wettgesetz und Betruges sowie Führung falschen Namens mit 3 Monaten Gefängnis und 1 Woche Haft bestraft«. Von weiteren Strafen, wie drei Monaten Gefängnis 1904 in Paris wegen verbotener Wetten, will Blume nichts gewusst haben.

Ausführlich schildert der Beschuldigte seinen Lebenslauf: Als er drei oder vier Jahre alt war, seien seine Eltern mit ihm von Amsterdam nach Braunschweig umgezogen, wo sein Vater ein Tabakgeschäft eröffnet habe. Dort besuchte er, sagt Blume aus, die Oberrealschule. Nach dem Tode seiner Eltern sei er im Alter von 16 Jahren von seinem Vormund nach Oldenburg »in Pension gegeben« worden. Als er 20 Jahre alt war, habe er sein »Abiturientenexamen« abgelegt. Mit einem väterlichen Erbe von 25.000 Mark sei er nach Berlin gereist, »um mir dort ein Fortkommen zu suchen. Ich will schon hier bemerken, daß ich schon auf der Schule großes Interesse für das Schreiben von Theaterstücken hatte und mich daranmachte, dies meinerseits in Berlin zu tun.« Leider habe er durch Spekulationen das ererbte Vermögen verloren.

Danach sei er nach London gereist, wo er mehrere Jahre gelebt und sich mit »technischen Erfindungen befaßt« habe. Doch auch damit habe er kein Glück gehabt. Im Jahre 1900 sei er zurück nach Deutschland gekommen und habe in Hannover ein Wettbüro eröffnet. Das Geschäft, so versicherte er, »ging zeitweise sehr gut; ich hatte manchmal 25 Angestellte«. Doch schließlich »ging es in die Brüche«. Es habe damals einige Anzeigen wegen Betrugs gegen ihn gegeben, doch die Verhandlung »endete mit Freisprechung«. Nach der Pleite in Hannover habe er dann sein Glück in Paris gesucht.

Er sei häufig zwischen der französischen und englischen Hauptstadt hin und her gereist und habe seinen Lebensunterhalt als »Tipster« verdient, das bedeutet, er gab gegen Bezahlung Tipps für den Ausgang von Pferderennen. Zu diesem Zweck habe er sich verschiedene Namen ausgedacht: Harry Lavibond und Thomas Ready. Als Thomas Ready sei er 1912 in Berlin verhaftet worden.

Nachdem Blume seine Strafe in einem Berliner Gefängnis abgesessen hatte, blieb er in der Stadt, wohnte zunächst bei einem seiner früheren Angestellten mit Namen Schindler in Steglitz in der Zimmermannstraße 3 zur Untermiete, später bezog er in Lichterfelde, Lankwitzer Straße 6, eine eigene Wohnung.

»Ich will hier einschalten«, erklärt er, »daß ich inzwischen vorübergehend auch in London war, um Theaterstücke anzubringen. Es handelt sich um englisch geschriebene Stücke.« Diese Dramen bewahre ein Fräulein Salome Woehrel auf, die er in Paris kennengelernt und mit nach Berlin gebracht habe. »Trotz aller Bemühungen«, bedauerte der Beschuldigte, »wurden mir die Stücke von den verschiedenen Theaterdirektoren, an die ich mich gewandt hatte, nicht abgenommen.«

Einige Zeit sei er als Buchhalter einer Annoncenexpedition, die seinem Ex-Vermieter Schindler gehörte, tätig gewesen, habe sich jedoch mit ihm überworfen. Anschließend sei er von der Z.E.G., der halbstaatlichen Zentral-Einkaufsgesellschaft für Außenhandel während des Weltkriegs, mit einem Anfangsgehalt von 300 Mark eingestellt worden, doch wegen »persönlicher Differenzen mit einem anderen Angestellten wurde ich schließlich von der Z.E.G. entlassen und war damit wieder ohne Stellung und Geld«. Er habe alles Mögliche getan, um etwas zu verdienen, und sei, als er nichts fand, in Verzweiflung geraten.

Als er dann im Herbst 1918 zufällig einen Geldbriefträger auf der Straße gesehen habe, da »tauchte plötzlich in mir zunächst unbestimmt der Gedanke auf, mir durch Beraubung eines

Geldbriefträgers Geldmittel zu beschaffen. Ich habe diesen Gedanken dann weiter verfolgt und habe zu diesem Zwecke an dem Postamt in der Spandauer Straße aufgepasst und morgens einen Geldbriefträger auf seinem Bestellgang vom Postamt aus verfolgt, um zunächst festzustellen, wohin er ging.«

Das erste Haus, das der heimlich verfolgte Geldbriefträger betrat, war das an der Spandauer Straße 33. Dort hing ein Schild, ein Zimmer sei zu vermieten. Dies habe ihn auf die Idee für seinen mörderischen Plan gebracht. Er betrat das Haus, stieg bis zur obersten Etage hinauf und stellte sich der Vermieterin, Frau Rühle, die er im Verhör als »groß und schlank« beschreibt, als Butterhändler Paul Stubenrauch vor. Er bekam den Zuschlag für zwei Zimmer, eines für sich und eines für einen – fiktiven – Bruder Karl.

Die letzten Fotos des dreifachen Mörders Wilhelm Blume entstanden für das Verbrecheralbum der Polizei im August 1922.

Mehrere Postanweisungen mit geringen Summen habe er sich dann selbst zugeschickt. Wohl dreimal sei der Geldbriefträger in der Wohnung von Frau Rühle gewesen und habe ihr das für ihren Untermieter Stubenrauch bestimmte Geld ausgehändigt. »Der Geldbriefträger«, so erinnert sich der festgenommene Blume, »war meiner Schätzung nach Ende 40, ziemlich korpulent und war glatt rasiert oder hatte Schnurrbart.«

In der Wohnung selbst sei er, Blume alias Stubenrauch, nur vier- oder fünfmal gewesen, niemals habe er dort übernachtet. Als er dort das erste Mal den Briefträger traf, habe der ihn gebeten, ihm zehn Pfund Butter zu beschaffen.

Butter, auch im Unterschied zur Margarine lange Zeit als »gute Butter« bezeichnet, war in der Endphase des Ersten Weltkriegs eine begehrte Rarität und auf dem Schwarzmarkt mit hohem Gewinn zu verkaufen.

Blume gesteht: »Mein Plan ging dahin, die Wirtin wegzuschicken und dem Geldbriefträger dann in deren Abwesenheit durch Drohung mit vorgehaltenem Revolver den Inhalt seiner Bestelltasche abzunehmen. Kurz zuvor hatte ich mir einen Trommelrevolver in der Chausseestraße gekauft. Außer diesem Trommelrevolver hatte ich zur Vorbereitung der Tat jedoch ein Dolchmesser in der Friedrichstraße gekauft, das in einer Art Lederscheide steckte. Ferner hatte ich mir noch mehrere Stricke besorgt.«

Es mag uns heute verwundern, doch sowohl im Kaiserreich als auch in den ersten Jahren der Weimarer Republik war es relativ einfach, an Handfeuerwaffen zu gelangen. Eine einheitliche Regelung existierte nicht, sodass jedermann ohne irgendeine spezielle Legitimation Revolver oder Pistolen kaufen konnte. Erst im August 1920 beschloss der Reichstag entsprechend dem

Diktat der Siegermächte im Versailler Vertrag die Entwaffnung von Zivilpersonen. Doch diese Maßnahme erwies sich als kaum durchsetzbar, da die Waffenverkäufe zuvor nicht registriert worden waren.

Präzise erinnert sich Blume an den Tag, an dem er zum Doppelmörder wurde: »Am Tage der Tat bin ich bereits morgens gegen 7 Uhr in die Wohnung gegangen, habe mir von der Wirtin Frühstück geben lassen und habe sie dann kurz vor 8 Uhr zur Apotheke geschickt und zwar in der Friedrichstraße. Ich hatte mir einmal aus der Zeitung einige lateinische Bezeichnungen für irgendwelche Mittel herausgeschrieben und gab der Wirtin den Zettel mit der Bitte, mir die Medikamente zu besorgen. Ich hatte ihr einen Geldbetrag von etwa 10 M mitgegeben.«

Nach seinen Berechnungen musste der Geldbote gegen viertel vor neun kommen, sagt Blume aus. Doch er habe sich verspätet. Als der Beamte dann gegen neun Uhr eintraf, setzte er sich auf einen Sessel und »fing gleich von der Butter« an.

Der Tathergang des Doppelmordes laut Verhörprotokoll: »Plötzlich sprang ich auf und hielt dem Briefträger den Revolver vor mit der Aufforderung, das Geld aus der Tasche herauszugeben. Er war auch sofort einverstanden. Ich erklärte ihm, ich müßte ihn an den Stuhl festbinden, da ich sonst befürchten müßte, daß er zum Fenster herausschreien würde. Der Briefträger ließ es sich dann auch ruhig gefallen, daß ich ihm die Hände nach hinten an dem Sessel festband. Als ich kaum hiermit fertig war, ging die Korridortür auf und die Wirtin kam zurück. Die Wirtin kam an meine Zimmertüre – anscheinend um mir die besorgten Medikamente zu bringen. Als sie einen Blick in das Zimmer tat, schrie sie auf, lief nach dem Korridor und rief laut um Hilfe. Wahrscheinlich hätte sie im nächsten Augenblick die Korridortür aufgerissen, um Hilfe zu holen. Ich zog sie darauf mit Gewalt in das zweite Vorderzimmer hinein. Ich wollte ihr das Schreien damit unmöglich machen, daß ich ihr mit der Hand die Kehle zuhielt. Sie setzte sich derartig zur Wehr, daß wir beide zu Boden fielen. Ich zog darauf das Messer, das ich in der Hosentasche hatte, heraus und schnitt ihr die Kehle durch. Mein Kampf mit der Frau hatte einige Minuten gedauert. Währenddessen hatte der Briefträger im Nebenzimmer laut um Hilfe gerufen. Als ich in das Zimmer kam, hatte er inzwischen sehr viel Befreiungsversuche gemacht, so daß der Sessel umgefallen war. Ich will noch bemerken, dass ich nicht nur seine Hände, sondern auch die Füße zusammengebunden hatte. Der Briefträger lag mit dem Gesicht nach der Erde und zwar derart, dass der Sessel auf ihm lag. Ich richtete daraufhin den Sessel mitsamt dem Briefträger wieder auf und warf nun dem Briefträger eine Schlinge um den Hals, die ich auch zuzog. Dadurch, daß ich dem Briefträger eine Schlinge auch um den Hals geworfen hatte, war ihm das Atmen sehr erschwert. Ich wollte ihn töten, er starb aber nicht, quälte sich vielmehr derart, dass ich beschloss, seinen Qualen ein Ende zu machen. Ich holte darauf aus dem Nebenzimmer das Messer und habe ihm ebenfalls die Kehle durchgeschnitten.«

Nach dem Doppelmord, erklärt Blume weiter, habe er das Blut der Opfer von seinen Händen abgewaschen, und die Banknoten aus der Tasche des Briefträgers geraubt, etwa 1900 Mark, ebenso das Silbergeld, etwa acht Fünf-Markstücke sowie die Wertbriefe. 40 oder 50 Mark habe er dann noch aus der Wohnung der ermordeten Zimmervermieterin gestohlen. Ungesehen von anderen Bewohnern habe er das Haus verlassen können, sei anschließend zum Humboldthain, einem Volkspark im Ortsteil Gesundbrunnen, gefahren, »um mich etwas zu erholen«. Von der Beute habe er Fräulein Woehrel, mit der er die Wohnung in der Lankwitzer Straße 6 teilte, »50 oder 100 M, die ich ihr schuldig war, gegeben und dabei bemerkt, ich hätte mir Geld geliehen.«

Genauso minutiös und sachlich, wie Blume den Doppelmord in der Spandauer Straße 33 schildert, gesteht er das Kapitalverbrechen im Hotel Adlon Anfang Januar 1919. »Gleichsam, als spreche er von den Taten eines anderen schildert er jene schaurigen Ereignisse, deren Urheber er selbst war«, wird sich Kommissar Gennat später an das ungewöhnliche Verhör erinnern.

Laut Protokoll sagt Blume aus: »Die bei der Tat in der Spandauer Straße von mir erbeuteten 2000 M waren bald verbraucht und so befand ich mich bald wieder in bedrängter Lage, da es mir trotz aller Bemühungen nicht gelang, mir etwas zu verdienen. Ich sann daher wieder auf irgendein Mittel, um mir Geld zu verschaffen. Ich hatte durch die Tat in der Spandauer Straße gesehen, daß mein Plan, mir durch Beraubung eines Geldbriefträgers Mittel zu beschaffen, an und für sich nicht schlecht war und daß ich nur zufällig dadurch so wenig Geld bekommen hatte, weil am Tage der Tat gerade ein hoher jüdischer Feiertag war, an welchem die jüdischen Firmeninhaber ihre Geschäfte geschlossen hatten.«

Da die Zimmervermieterinnen von der Polizei gewarnt worden waren, unbekannten Personen Zimmer zu vermieten, oder schnell »Legitimationspapiere«, also einen Ausweis oder Pass, verlangen würden, habe er nun beschlossen, »in einem erstklassigen Hotel Wohnung zu nehmen, da ein Geldbriefträger dort wohl kaum eine Gefahr wittern werde.« Seine Wahl sei dann auf den Bezirk Unter den Linden gefallen, weil er annahm, dass dort »der Geldbriefträger auf seinem Bestellgange möglichst viel Geld bei sich haben würde.«

Zunächst habe er einen Geldboten ins Hotel Bristol locken und dort berauben wollen. Um sich als Reisender mit schwerem Gepäck zu tarnen, habe er einer Lehrerin einen großen, gebrauchten Koffer abgekauft und diesen mit Sandsäcken gefüllt. Dann habe er sich im Bristol als von Gassen, Rittergutsbesitzer aus Stettin, eingemietet.

Beim Transport auf sein Zimmer sei das Gepäckstück aufgesprungen. »Ich war hierüber sehr bestürzt, denn mir kam es so vor, als sei der Hausdiener misstrauisch geworden. Ich beschwichtigte ihn aber dadurch, daß ich bemerkte, es seien Muster von Chemikalien darin, und gab ihm ein gutes Trinkgeld.« Am nächsten Tag checkte Herr von Gassen alias Stubenrauch alias Blume aus und als von Winterfeldt im nahen Hotel Adlon wieder ein.

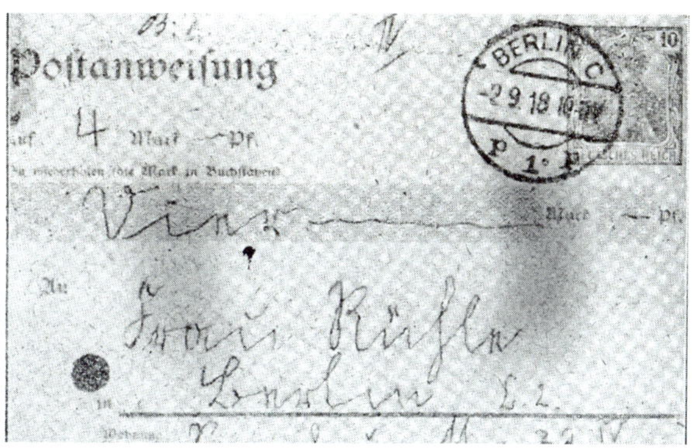

Eine der Postanweisungen, die Blume 1918 an seine Zimmerwirtin Frau Rühle schicken ließ.

Da er fürchtete, der Trick mit den an sich selbst geschickten Postanweisungen wie in der Spandauer Straße könne das Hotelpersonal misstrauisch machen, variierte er seinen Plan und bestellte telefonisch Lotterielose. Die ließ er sich per Nachnahme in seine Luxusherberge schicken.

Laut Protokoll ließ sich Blume so ein: »Die beiden Nachnahmesendungen mit den Lotterielosen sind von dem Geldbriefträger auch richtig bestellt worden, ich habe die Sendungen eingelöst. Ich hatte bis dahin den Geldbriefträger überhaupt noch nicht gesprochen. Ich habe die Sendung eingelöst, weil ich zuerst einmal sehen wollte, ob der Geldbriefträger zu mir ins Zimmer gehen wollte. Um das Zutrauen des Geldbriefträgers zu erwerben, habe ich ihm Brot und Cigarren gegeben.«

Die ganze teuflische Raffinesse seines Plans offenbaren die Einzelheiten, die Blume den vernehmenden Beamten bereitwillig schildert. Wegen der Unruhen in Berlin habe er sich überlegt, vermögenden Geschäftsleuten Briefe zu schicken, in denen ein anonymer Absender vor einem Putsch der Spartakisten mit einem Sturm auf Banken und das Postscheckamt in der Dorotheenstraße warnt. Die Geschäftsinhaber sollten sich vorsorglich ihre Guthaben per Post zurückschicken lassen. Die Briefe habe er von einem jungen Mann namens Kanzler in der Greifswalder Straße schreiben lassen, die Anschriften von einem Adressenbüro in der Köpenicker Straße. »Zu meiner Bestürzung«, erklärt Blume zerknirscht, »wurde aber in der *B.Z.* auf diese Briefe hingewiesen und dabei bemerkt, daß wahrscheinlich ein Überfall auf einen Geldbriefträger geplant sei.«

Dennoch hielt er an seinem Vorhaben fest, checkte nach zwei Tagen Aufenthalt zunächst im Adlon aus und bat unter dem Vorwand, seine Eltern würden bald anreisen, um die Reservierung einer Suite mit drei Zimmern in der ersten Etage.

»Wenn ich nicht irre,« gab Blume zu Protokoll, »bin ich am 1. Januar 1919 wieder ins Hotel Adlon gezogen und zwar bezog ich die mir in Aussicht gestellten 3 Zimmer.«

Hedda Adlon indes schreibt ja in ihren Erinnerungen, der Gast, der sich von Winterfeldt nannte, sei bereits beim Silvesterball zum Jahreswechsel vom 31. Dezember 1918 zum 1. Januar 1919 in der Hotelbar beobachtet worden und aufgefallen, weil er der einzige männliche Gast im dunklen Anzug anstatt eines Smokings oder Fracks gewesen sei.

Jedenfalls traf Blume laut seinem Geständnis am Neujahrstag gegen Mittag zufällig den Geldbriefträger, der ihm bei seinem ersten Aufenthalt im Adlon die Lose aufs Zimmer gebracht hatte, auf dem Boulevard Unter den Linden. Der Beamte hatte zwei Lose im Gepäck, die Blume als von Winterfeldt telefonisch bestellt hatte, und wollte sie dem ihm ja bekannten Hotelgast sogleich aushändigen. Blume gab vor, er habe gerade nicht genug Geld dabei, und bestellte den Boten für den nächsten Tag in seine Suite. Mit dem Versprechen, ihm erneut Schinkenbrote und Zigarren zu schenken, köderte er den Beamten erfolgreich.

Am nächsten Morgen erschien Geldbriefträger Oskar Lange nichts Böses ahnend mit einem riesigen Vermögen in seinen Taschen in Suite 130.

»Mein Plan war der,« so erklärt Blume während des Verhörs, »daß ich ihm, während er das Brot in seine Tasche packte, 2 Revolver vorhalten und ihn zur Herausgabe seiner Wertsachen zwingen sollte. Ich hatte mir nämlich außer dem Trommelrevolver, den ich schon in der Spandauer Straße benutzt hatte, inzwischen noch eine Browningpistole besorgt.« Für diese Waffe habe er der Firma Beneckendorf in der Rheinstraße 90 Mark bezahlt. »Ich will also bemerken, daß ich nicht von vornherein die Absicht gehabt habe, den Geldbriefträger zu töten, sondern nur beabsichtigte, ihn durch Drohung mit den vorgehaltenen Schußwaffen zur Hergabe seiner Wertsachen zu veranlassen.

Zugeben muß ich allerdings, daß ich mir vollkommen darüber klar war, daß ich den Geldbriefträger töten würde, wenn er sich nicht durch meine Drohungen zur Hergabe seiner Wertsachen bestimmen lassen würde.«

Der brave Staatsdiener Oskar Lange dachte nicht daran, sich ausrauben zu lassen.

Noch heute, nach fast einem Jahrhundert, erschüttert der Dialog zwischen dem Todeskandidaten Lange und seinem Mörder, an den sich Blume offenbar präzise erinnert und den er mit kalter Sachlichkeit zu Protokoll gibt: »Als ich aus dem Nebenzimmer (Schlafzimmer) mit einigen Stullen zurückkam, saß der Geldbriefträger auf dem Sessel und war dabei, Briefe aus seiner Tasche herauszunehmen. Ich gab ihm mehrere Stullen, diese packte er auch in seine Tasche. Während der Briefträger den Kopf neigte und die Stullen in seine Tasche packte, hielt ich ihm plötzlich die beiden geladenen und schußbereiten Revolver vor und sagte ihm, soweit ich mich entsinne, etwa folgendes: ›Hände hoch‹. Darauf antwortete er: ›Was wollen Sie von mir!‹ Er war sehr erschrocken und zitterte, bequemte sich aber keineswegs zu tun, was ich ihn hieß. Soweit ich mich entsinne, habe ich ihm dann etwa folgendes gesagt: ›Ich muß das Geld haben!‹ Er antwortete darauf: ›Das Geld gehört mir nicht.‹ Ich erwiderte darauf, indem ich ihm die beiden Schußwaffen noch näher vorhielt: ›Sie verlassen das Zimmer nicht lebend, wenn Sie nicht alles herausgeben!‹ Darauf schüttelte er nur verneinend den Kopf, worauf ich ihm erklärte: ›Machen Sie keine Dummheiten, zwingen Sie mich nicht zum Äußersten.‹«

Weiter habe er dem Opfer vorgeschwindelt, im Nebenzimmer warte sein Bruder, der keinesfalls nachgebe. Doch der bedrohte Postbeamte habe nur verneinend den Kopf geschüttelt.

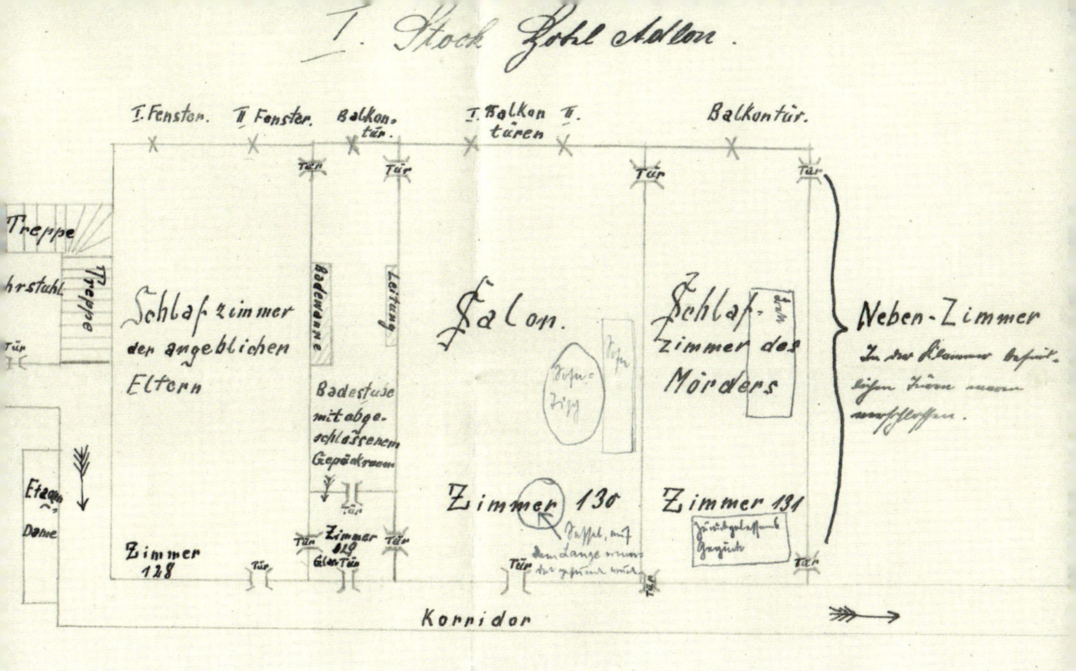

Eine Polizeiskizze des Tatorts in Suite 130 im Hotel Adlon.

Der Ablauf des Mordes im Adlon laut Polizeiprotokoll: »Ich sah nun ein, daß mit diesem Geldbriefträger ohne Kampf nichts anzufangen sei. Ich überlegte nun, auf welche Weise ich ihm am sichersten und für mich am ungefährlichsten die Schlinge über den Kopf werfen könne. Ich hatte schon eine zu dem Zwecke vorbereitete Schlinge in der Tasche und erklärte dem Geldbriefträger, er solle einen Augenblick noch warten, ich würde in das Nebenzimmer gehen, um mit meinem Bruder zu sprechen. Er müsse mir aber versprechen, solange ruhig in derselben Stellung sitzen zu bleiben. Ich ging dann auch einige Schritte auf den Nebenraum zu, holte die Schlinge aus der Tasche und sah, während ich zurückkehrte, wie der Geldbriefträger im Begriff war, aufzustehen. Mit großer Geschwindigkeit, noch ehe der Geldbriefträger aufstehen konnte, warf ich ihm die Schlinge über den Kopf und zog sie mit aller Kraft zu. Der Geldbriefträger wälzte sich nun mit aller Kraft hin und her, warf die Beine über die Stuhllehne, er versuchte auch zu schreien, das gelang ihm aber nicht, es waren nur unartikulierte Laute. Soweit ich mich entsinne, habe ich ihm den Strick mehrmals um den Hals geschlungen. Ich band nun zunächst noch die Hände hinter dem Stuhlrücken zusammen. Er gab immer noch schwache Laute von sich und deshalb nahm ich ein Taschentuch von mir, das ich in Wasser tauchte, welches im selben Zimmer stand, und steckte ihm dieses Taschentuch in den Mund. Ich habe den Eindruck gehabt, als ob der Geldbriefträger sich nicht lange gequält hat, sondern bald danach gestorben ist, nachdem ich ihm das Taschentuch in den Mund gesteckt hatte.«

Der Anblick des Ermordeten erschreckte den Mörder: »Der Mann sah mir so schrecklich aus im Tode, daß ich ein Badetuch nahm und ihm dies übers Gesicht legte, dann setzte ich mich zunächst aufs Sofa, da ich durch die Aufregungen vollkommen erschöpft war. Nachdem ich mich etwas erholt hatte, nahm ich aus der Tasche des Briefträgers sämtliche Sachen heraus und legte sie auf den Tisch.«

Die Briefe habe er dann geöffnet. 270.000 Mark Bargeld seien ihm in die Hände gefallen, dazu Wertpapiere sowie Broschen und Schlipsnadeln. Die Brote, die der Geldbriefträger kurz vor seinem Tode in eine der Taschen gesteckt hatte, habe er, Blume, in die Badewanne geworfen. Er habe sie aufweichen und dann durch den Abfluss ablaufen lassen wollen. Doch das klappte nicht. Er habe dann alle Zimmertüren seiner Suite abgeschlossen und das Hotel heimlich in Richtung Tiergarten verlassen. Anschließend sei er in einigen Cafés gewesen, gegen 23 Uhr sei er zu Hause in Lichterfelde angekommen.

Eine Woche lang blieb Blume zu Hause, schwindelte seiner Mitbewohnerin, dem Fräulein Salome Woehrel, vor, er sei krank.

Bevor er sich wieder aus dem Haus wagte, rasierte er sich seinen Vollbart ab, um nicht erkannt zu werden. Glattrasiert besorgte er sich in der Wilhelmstraße eine Zeitung und musste feststellen, dass die Wertpapiere in der Zwischenzeit gesperrt worden waren, »und zwar ohne Ausnahme«, wie Blume den Beamten bedauernd mitteilt. Daraufhin habe er die wertlosen Papiere verbrannt und den Schmuck von der Bäkebrücke in den Teltowkanal geworfen.

Am nächsten Tag, dem 5. August 1922, setzen die Berliner Kriminalbeamten Rudolf Tegtmeyer und Ernst Gennat gemeinsam mit ihrem Dresdner Kollegen Dritzner die Vernehmung im Friedrichstädter Krankenhaus fort. Sie wollen weitere Einzelheiten klären, doch der geständige Dreifachmörder beginnt das Verhör mit einer wehleidigen Selbstcharakterisierung.

Blume laut dem von ihm unterschriebenen Protokoll: »Ich habe den besten Willen nach jeder Richtung hin die Wahrheit zu sagen und zur restlosen Klärung der von mir verrichteten Straftaten beizutragen. Ich habe allerdings seinerzeit mit großer Umsicht und Vorsicht dafür Sorge getragen, daß ich nicht in Verdacht stehe, bin aber jetzt entschlossen, die Folgen meiner Handlungsweise auf mich zu nehmen. Ich will bemerken, daß ich früher ein durchaus lustiger und heiterer Mensch war, der gerade wegen seines heiteren Wesens allgemein beliebt war – namentlich auch bei jungen Mädchen. In meinem Leben trat infolge der ersten von mir aufgeführten Tat bezw. nach dieser ein vollkommener Umschwung insofern ein, als ich meine Heiterkeit verlor, da ich seelisch unter den Folgen der Tat sehr gelitten habe. Dies äußerte sich darin, daß ich z. B. nachts schlecht oder gar nicht schlief, hin und wieder Träume hatte, die in irgendeiner Hinsicht mit der Tat zusammenhingen – kurzum, gegenüber der Zeit vor der Tat in meinem Wesen verändert war.«

Diese Wesensveränderung sei auch seiner Umgebung aufgefallen und er habe seine Beliebtheit eingebüßt, ja sogar seine Gesichtszüge hätten sich »gegenüber früher ungünstig verändert. Ich hatte selbst den Eindruck, daß ich den Leuten nicht mehr so frei ins Gesicht sehen konnte, wie früher. Dies ging auch daraus hervor, daß ein Mädchen, zu dem ich früher in Beziehungen gestanden hatte, mir gegenüber äußerte, ich sähe ganz anders aus.«

Dann kommt er auf das Motiv für seine Taten zu sprechen: »Bei der Dresdner Sache ist in gewissem Grade für mich die Erwägung maßgebend gewesen, daß ich – selbst für den Fall des Mißlingens der Tat – doch insofern meinen Zielen näherkam, als ich durch die Tat bekannt und dadurch gewissermaßen für mich Reklame gemacht wurde. Ich hatte vor kürzerer Zeit in der Zeitung von der Festnahme einer Französin wegen Mordes gelesen, deren Stücke erst infolge dieser Mordaffäre und der dadurch hervorgerufenen Reklame zur Anerkennung gelangten. Ich muß offen sagen, daß ich auch jetzt noch den brennenden Ehrgeiz habe, daß die von mir geschriebenen Stücke – namentlich das große Drama »Der Fluch der Vergeltung« – zur Aufführung gelangen. Ich halte es nicht für ausgeschlossen, daß man tatsächlich meinen Stücken jetzt mehr Interesse entgegenbringt. In der Aufführung meiner Stücke, die meiner festen Überzeugung nach zu einem vollen Erfolg führen würden, würde ich einen gewissen Ausgleich selbst für die mich treffende Strafe sehen.«

Keiner der Beamten, die den dreifachen Mörder verhörten, dürfte jemals so viel Hoffart im Geständnis eines Verbrechers gehört haben, wie sie Wilhelm Blume offenbart: »Ich bin ein

Schriftsteller, ein Dramatiker, so groß wie Schiller und Goethe. Die Welt hat einen Anspruch darauf, meine Werke kennenzulernen. Aber die bornierten Verleger waren zu dumm, mein Genie zu erkennen. Sie haben meine Dramen abgelehnt. Und so entschloss ich mich, meine Werke selbst zu veröffentlichen. Dazu brauchte ich Geld, das ich nicht hatte. Ich kam auf die Idee, Geldbriefträger durch selbst ausgeschriebene Postanweisungen an die Plätze zu locken, die mir für meine Pläne geeignet erschienen. Noch zwei, drei Morde und ich hätte alles Geld für mein Lebenswerk zusammen gehabt. Sagen Sie selbst, was ist schon das Leben von ein paar unbedeutenden Geldbriefträgern gegen das Lebenswerk eines Genies?«

9

Ufer
Reichstags
George
Marschall Br.
Franz. Gymn.
Univ. Inst. (Phys.)
Bunsen S.
Markt H.
Loge
Kirch S.
Hotel Continental
Dom. Hosp.
Doro theen
Neue Wilhelm S.
Franz. Botsch.
Neustädt.
Offizier Verein
Mitte
Pariser
Brandenb. Thor
Wache
Pl.
DEN
Offz. Tatters.
Engl. Botsch.
Metro- pol Th.
Staats Min.
Behren
Palais d. Prinz Georg
Justiz Min.
Fran zösi
Reichsamt d. Innern
Gen. Ord. K.
Staats-Min.
Gen. Lott. Dir.
Prinz Fried. Leop. Pal.
Auswärt. Amt
Palais d.
Reichskz.
Urania
Wilhelm
Wilhelm S.

EIN VERDACHT UND EINE NICHTSAHNENDE FRAU

»Ich kann nicht sagen, daß mir an Blume in der Zeit kurz vor der Revolution und in den Monaten nach der Revolution etwas Besonderes aufgefallen ist. … Irgendwelche Geschenke an Schmucksachen etc. hat er mir niemals gemacht.«

Wilhelm Blumes Berliner Zimmervermieterin Salome Woehrel im Polizeiverhör am 11. August 1922 im Präsidium am Alexanderplatz

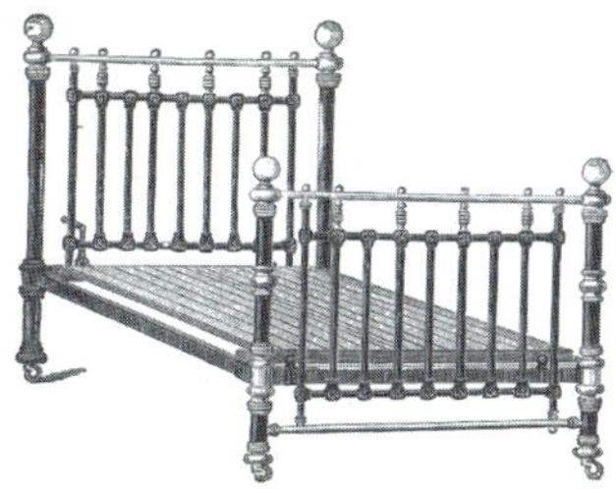

Obwohl der geständige Mörder Blume im Verhör Salome Woehrel entlastet, mit der er während seiner Berliner Zeit in der Lankwitzer Straße 6 eine Wohnung geteilt hat, bestellen die Ermittler der Hauptstadt-Kriminalpolizei die Frau am 11. August 1922 zum Verhör ins Präsidium am Alexanderplatz, im Volksmund »Rote Burg« genannt.

Die Beamten zeigen der »unverehelichten Zimmervermieterin«, wie ihr Familienstand und ihr Beruf im Protokoll angegeben wurden, ein Porträtfoto von Wilhelm Blume. Sie sagt aus, sie habe den Mann 1907 in Paris kennengelernt und zwar durch ihre Schwester Marie, die in der französischen Hauptstadt in einem Pensionat als Hausangestellte gearbeitet habe. Damals habe sie, Salome Woehrel, mit Handarbeiten Geld verdient und Blume als Untermieter in ihre Dreizimmerwohnung aufgenommen. Zimmer zu vermieten war in jenen Zeiten eine weitverbreitete Einnahmequelle speziell für alleinstehende Frauen. Häufig gehörte zu dem Service auch die Beköstigung der Untermieter, das Waschen ihrer Wäsche sowie kleine Besorgungen. Nach und nach habe sie ihm im Laufe der Jahre 24.000 Mark geliehen, berichtet Woehrel den verblüfften Beamten: »Ich habe später den Eindruck gewonnen, daß Blume sich mir hauptsächlich genähert hat, um mir meine Ersparnisse zu entlocken. In intimen Beziehungen haben wir nie zu einander gestanden.« Diese Behauptung wird von den Ermittlern nicht infrage gestellt.

Ihr Untermieter sei viel auf Reisen gewesen, ansonsten habe er sich mit Schriftstellerei beschäftigt. 1913, während eines Berlin-Aufenthalts, habe er sie gebeten, Paris zu verlassen und zu ihm zu ziehen. Dies habe sie in der Hoffnung getan, auf diese Weise wieder an das verliehene Geld zu kommen.

Ab Januar 1914 habe sie Blume in ihrer Dreizimmerwohnung in der Lankwitzer Straße 6 einen Raum untervermietet. Dort habe er bis 1920 gewohnt und sich mit wechselnden, angeblich schlecht bezahlten Tätigkeiten durchgeschlagen: »Überhaupt muß ich bemerken, daß er mich in seine privaten Angelegenheiten so wenig wie möglich eingeweiht hat. Er war viel auf Reisen und mitunter längere Zeit abwesend.«

Die Beamten fragen die Zeugin Woehrel, ob sich das Verhalten ihres Untermieters in der Zeit, in der er die drei Morde in Berlin begangen hat, verändert habe. »Ich kann nicht sagen«, antwortet sie, »daß mir an Blume in der Zeit kurz vor der Revolution und in den Monaten nach der Revolution etwas Besonderes aufgefallen ist. Ich weiß auch nicht, daß er sich in dieser Zeit etwa besonders in Geldverlegenheit befunden hat. Ebenso vermag ich nicht mehr zu sagen, ob er in dieser Zeit einen Vollbart getragen hat. Blume hat nämlich seine Haartracht häufig gewechselt. Im Sommer pflegte er entweder gänzlich bartlos zu sein oder nur einen Schnurrbart zu tragen, im Winter dagegen ließ er sich oft einen Vollbart wachsen und trug auch das Kopfhaar meist lang.«

Sie könne sich auch nicht erinnern, dass ihr Untermieter, wie er es bei seiner Vernehmung in Dresden gestanden hatte, Anfang Januar 1919 einmal acht Tage lange krank gewesen sei.

Dass ihre nächste Aussage schon am nächsten Tag wichtig sein wird, ahnen weder die Frau noch die Kriminalbeamten. Woehrel: »Blume hatte ein Bruchleiden und fühlte sich infolgedessen ab und zu einmal nicht wohl.«

Er sei »im Allgemeinen unsympathisch gewesen. Er hat mich auch, namentlich in den ersten Jahren unserer Bekanntschaft, wiederholt schlecht behandelt und auch geschlagen. Mir gefiel sein Auge nicht. Er war ein jähzorniger, plötzlich aufbrausender Mensch.«

Seit Blumes »Verschwinden im Jahre 1920 habe ich nichts mehr von ihm gehört und weiß auch nicht, wo er sich seitdem aufgehalten hat«, beteuert die Zeugin Woehrel, »mit wem Blume näheren Verkehr unterhalten hat, vermag ich nicht zu sagen. Auch weiß ich nicht, daß er in jener Zeit, Ende 1918, Anfang 1919, unerwartet größere Geldsummen bekommen hat. Irgendwelche Geschenke an Schmucksachen etc. hat er mir niemals gemacht.«

Die Kriminalbeamten glauben der Frau, die mit Unterbrechungen mehr als ein Jahrzehnt in einer Wohnung mit Wilhelm Blume zusammengelebt hat, dass sie von seinen monströsen Verbrechen keine Ahnung hat.

10

BLUMES LETZTE TAT

»Selbstmord ist die abscheulichste Sünde, mein Kind, die einzige, die man nicht mehr bereuen kann, weil Tod und Missetat zusammenfallen.«

Aus »Kabale und Liebe« von Friedrich Schiller (1759–1805)

Während am 11. August 1922 in Berlin Wilhelm Blumes ehemalige Zimmervermieterin von der Kripo verhört wird und glaubhaft versichern kann, sie habe von den Verbrechen ihres Untermieters nichts gewusst, wird der dreifache Mörder vom Friedrichstädter Krankenhaus in Dresden ins Gefängnis am Münchner Platz verlegt.

Nach seiner Festnahme hatte er gejammert, seine Wirbelsäule sei schwer verletzt, weil ihn der angeschossene Wachtmeister Braecklin die Treppe hinuntergestürzt hatte. Tatsächlich simuliert Blume die Verletzung nur.

Die *Vossische Zeitung*, ein angesehenes liberales Blatt aus dem Ullstein Verlag, schildert Folgendes: »Über den aufsehenerregenden Selbstmord des Raubmörders Blume werden noch folgende Einzelheiten bekannt: Der gefährliche und geheimnisvolle Verbrecher Blume wurde, wie wir seinerzeit meldeten, im Kampfe auf Leben und Tod mit dem Polizeioberwachtmeister Braecklin von diesem die Treppe hinabgeschleudert, als er in der Töpferstraße einen Geldbriefträger seiner Barschaft und Wertsachen beraubte. Anscheinend schwer verletzt, wurde Blume nach einem Krankenhaus in Dresden gebracht. Dort erklärte er, es sei ihm unmöglich, aufrechtzustehen. Es mußte zunächst angenommen werden, daß der Verbrecher bei dem Sturze von der Treppe wirklich eine Verletzung der Wirbelsäule erlitten hatte, da er es verstand, entsprechende Grimassen zu ziehen. Seine Angaben ließen sich auch gar nicht einmal nachprüfen, erst eine Röntgenaufnahme ergab, daß Blume nur ›markierte‹, in Wirklichkeit hatte er gar keine ernsthafte Verletzung des Rückgrates erlitten. Es kam ihm also nur darauf an, eine Gelegenheit zu erspähen, um die Flucht zu ergreifen.«

Nach der Diagnose habe der zuständige Staatsanwalt Ehrenberg, schreibt die *Vossische Zeitung* weiter, angeordnet, »daß der Verbrecher scharf zu beobachten sei, so daß weder eine Flucht noch ein Selbstmord möglich wäre. Daher waren im Nebenzimmer bei Tage einer und nachts zwei Beamte der Kriminalpolizei anwesend, die Blume zu beobachten hatten. Da Blume durchaus transportfähig war, wurde der Verbrecher am späten Nachtmittag des Mittwochs vom Krankenhaus nach dem Untersuchungsgefängnis übergeführt. Nach erfolgter Einlieferung wurden Blume alle Sachen abgenommen, nur das bisher von ihm getragene Bruchband wurde ihm belassen, da er darauf bestand, dies zu behalten. Der Staatsanwalt hatte erneut eine besonders scharfe Ueberwachung und Sicherung dieses Verbrechers angeordnet, da sein bisheriges Verhalten reichlich Anlaß dazu gab.«

Dank ihrer Gutmütigkeit, ihm das Bruchband – ein medizinisches Hilfsmittel zur Stabilisierung eines Leistenbruchs – zu belassen, kann der Gewalttäter seine Bewacher jedoch austricksen.

Der Zeitungsbericht: »Der Wachtmeister der Gefängnisanstalt legte Blume in Ketten, er wurde am Bett angeschlossen und bekam auch Handfesseln, ein Selbstmord durch Erhängen, die eigentlich einzige Möglichkeit, war demnach ausgeschlossen. Blume war aber doch weit schlauer gewesen und schon vorbereitet und hatte es auch in Betracht gezogen, wenn seine Flucht mißlang, daß er dann seinem Leben ein freiwilliges Ziel setzen konnte. Durch die Art der Fesselung war es ihm wohl möglich gewesen, eine im Bruchband wohl verwahrte Rasierklinge von einem Gillette-Apparat hervorzuziehen und sich damit die Pulsadern des Unterarmes zu durchschneiden. Der diensthabende Wachtmeister der Gefängnisanstalt hörte nach Mitternacht ein verdächtiges Stöhnen. Er rief den Wachtposten herbei, um nach der Ursache zu forschen, aber als die Beamten in die Zelle des Blume eintraten, lag dieser bereits im Sterben.«

Obwohl er sofort in die Krankenstube der Haftanstalt gebracht und ein Arzt benachrichtigt wird, der auch wenige Minuten später eingetroffen sei, »konnte Blume nicht mehr gerettet werden. Er starb infolge Verblutung.«

Als Kriminalkommissar Ernst Gennat in Berlin vom Suizid Blumes, der ihm »einen der interessantesten Fälle aus der jüngsten Kriminalgeschichte Berlins« geliefert hat, erfährt, zeigt er sich überzeugt: »Noch manches Geheimnis mag dieser furchtbare und seltsame Mensch ins Grab genommen haben.«

11

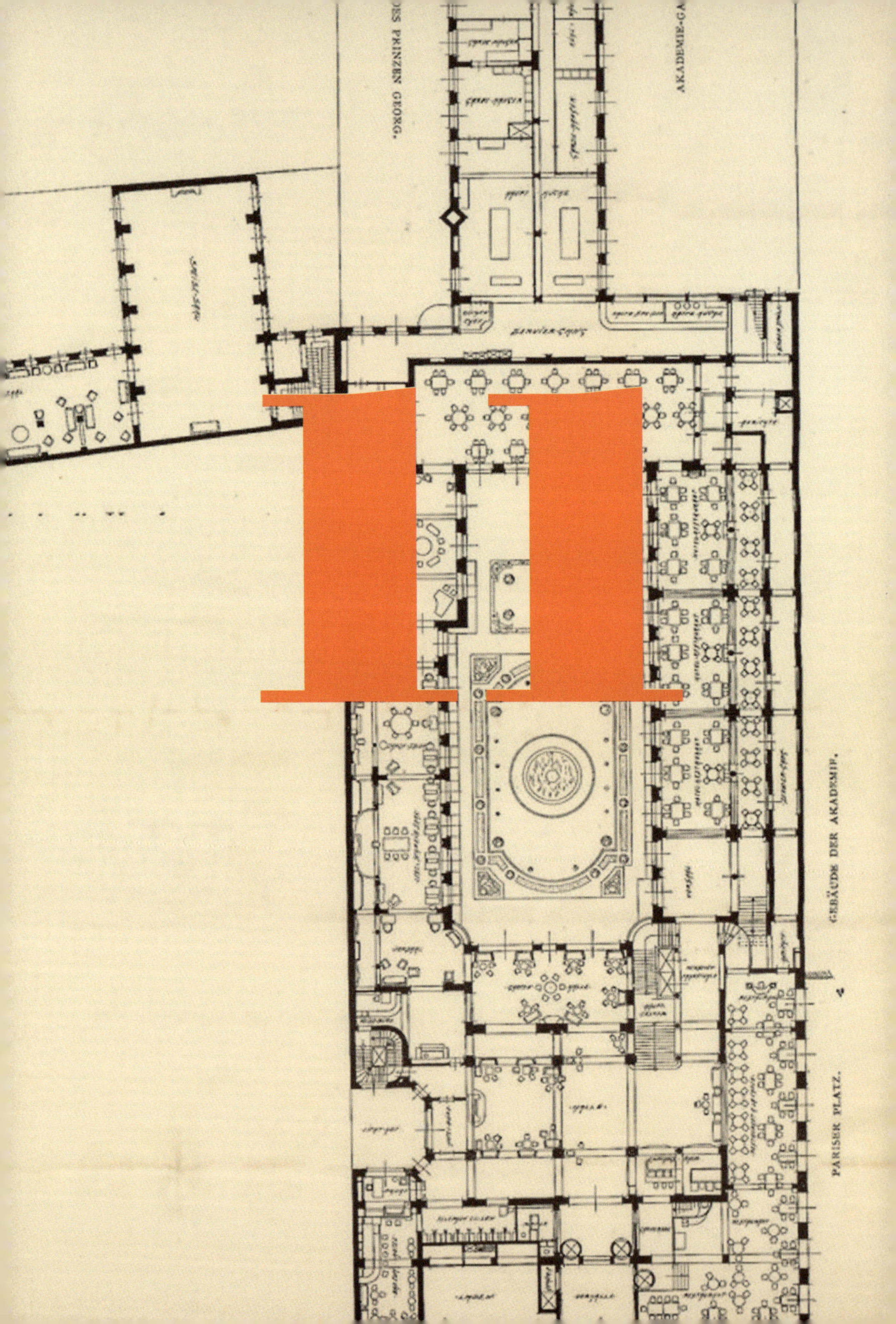

DAS ADLON ALS GEHEIMER TATORT

»Was das Volk nicht weiß, macht das Volk nicht heiß.«

Heinrich von Kleist (1777–1811) in »Politische Schriften« im Jahr 1809

Blumes grausames Verbrechen war übrigens nicht der erste Mord in dem feudalen Hotel am Brandenburger Tor gewesen. Der geschah im Mai 1913 und wurde aus politischen Gründen streng geheim gehalten.

Im letzten Friedensjahr in Europa, bevor mit dem Ersten Weltkrieg das große Sterben begann, versammelten sich in Berlin die wichtigsten Monarchen des Kontinents. Sie waren als Gäste zu einer opulenten, rauschenden Hochzeitsfeier eingeladen. Die einzige Tochter von Kaiser Wilhelm II. und seiner Ehefrau Auguste Viktoria, Prinzessin Viktoria Luise von Preußen, genannt Sissy, vermählte sich am 24. Mai 1913 mit Herzog Ernst August von Hannover. 1100 zumeist adlige Gäste, darunter der englische König Georg V., der Großvater des Bräutigams, und der russische Zar Nikolaus II. feierten vier Tage lang. Das Brautpaar konnte sich über Geschenke im Wert von geschätzt zehn Millionen Mark freuen. Grund zur Freude hatten auch die Schulkinder in Potsdam und Berlin. Seine Majestät der Kaiser hatte ihnen unterrichtsfrei gegeben.

Die britische Königin Victoria im Kreis ihrer großen Familie. Doch Verwandtschaft war keine Garantie für Frieden. Die Cousins Willy, Nicky und Georgie werden den Ersten Weltkrieg auslösen.

Die Sicherheitsmaßnahmen wegen befürchteter Anschläge, insbesondere von Anarchisten, ähnelten denen für ein heutiges Gipfeltreffen, waren aber effektiver. So berichtet die *Neue Preußische Kreuz-Zeitung*: »Seit einer Stunde lag Ruhe über dem Pariser Platz. Kein Wagen durfte während dieser Zeit den Platz und die Linden passieren. Dann Kommandorufe. Die Garden stehen stramm; sie präsentieren. Dragoner reiten durch das Brandenburger Tor, Kaiser und Zar ziehen in Berlin ein.«

Es ist nicht nur einfach eine Hochzeit unter Hochadligen, bei der sich die herrschende Klasse nationenübergreifend selbst feiert, sondern »vor allem ein diplomatisches Ereignis«, schreibt Florian Illies in seiner meisterhaften Zeitcollage *1913* und zitiert einen Kommentar aus dem *Berliner Tageblatt* über die Begegnung des britischen mit dem russischen Monarchen: »Selbstverständlich war der Besuch nicht politisch. Aber nach den bewegten politischen Vorgängen des letzten Winters mußte es als willkommenes Exemplum einer Entspannung der internationalen Situation angesehen werden, daß gleichzeitig die Herrscher Russlands und Großbritanniens, die maßgebenden Monarchen der Tripleentente (Konsultations-Vereinbarung zwischen den Regierungen Großbritanniens, Russland und Frankreichs zu Lasten Deutschlands), beim deutschen Kaiser zu Gast waren. Es liegt in der Natur der Dinge, daß derartige persönliche Berührungen auch auf die politische Haltung der Kabinette abfärben, wenn auch nur in dem Sinne, daß auf allen Seiten der Friedenswille noch etwas schärfer akzentuiert wird.«

Von einer friedlichen Adelshochzeit wollten russische Anarchisten nichts wissen. Sie trachteten dem ihnen verhassten Zaren nach dem Leben. Wie auch immer hatten sie erfahren, dass der Monarch beabsichtigte, während seiner Berlin-Visite Herzog Ernst Günther von Schleswig-Holstein, einem Bruder der Kaiserin, für eine halbe Stunde einen Besuch

Kleidertausch: Kaiser Wilhelm II. (links) in einer Uniform seines Cousins Nikolaus II., des russischen Zaren, der preußische Militärkleidung trägt.

abzustatten. Der logierte im Adlon. Genau dort sollte der Herrscher aller Reußen mittels einer Bombe ermordet werden.

Hätten die Attentäter Erfolg gehabt, wer weiß, vielleicht wären die Lichter in Europa schon ein Jahr früher ausgegangen und nicht erst im August 1914.

Zwar sind weder im Landesarchiv Berlin, noch im Politischen Archiv des Auswärtigen Amtes, weder im Bundesarchiv noch in der Polizeihistorischen Sammlung der Hauptstadt Akten über ein geplantes Attentat auf Nikolaus II. erhalten. Die einzige zugängliche Quelle für die Verschwörung gegen den Zaren im Mai 1913 sind die Erinnerungen von Hedda Adlon. Die Deutsch-Amerikanerin beruft sich auf Erzählungen ihres Mannes Louis, den sie 1922 geheiratet hat, und ihres 1921 bei einem Verkehrsunfall am Brandenburger Tor getöteten Schwiegervaters Lorenz Adlon.

Da sich ihre lebhaften Schilderungen des Geldbotenmordes weitgehend mit den Ermittlungen der Kriminalpolizei und den über Jahrzehnte erhaltenen Akten sowie den Zeitungsberichten jener Zeit decken, scheint ihre Darstellung des geplanten Attentats auf den Zaren jedoch im Wesentlichen durchaus glaubwürdig.

Wenige Tage vor der hochherrschaftlichen Hochzeit seien zwei russische Geheimpolizisten eigens aus Sankt Petersburg angereist, schreibt Hedda Adlon. Sie hätten ihrem Schwiegervater die Visite des Zaren in seinem Haus angekündigt und mitgeteilt, sie seien für dessen Sicherheit verantwortlich. Lorenz Adlon habe die russischen Agenten an die deutsche Polizei verwiesen, die zuvor bereits präventiv zum Schutze der hochrangigen Gäste das gesamte Hotel auf eine versteckte Bombe durchsucht und alle Angestellten überprüft hatte. Ergebnislos.

»Dieser ganze Betrieb der Polizei«, so kann man es in Hedda Adlons Memoiren nachlesen, »erschien Lorenz Adlon als eine reine Spielerei. Der Gedanke, daß in seinem Hotel ein Attentäter leben könnte, erschien ihm absurd. Jeder Gast, der in diesen Tagen im Adlon weilte, war ihm persönlich bekannt, und da war bestimmt keiner unter ihnen, der dem Zaren ans Leben wollte.«

Da täuschte sich der kaisertreue Patron gewaltig.

Zwei Tage vor der eigentlichen Hochzeit, während eines glanzvollen, vom Kaiser ausgerichteten Fests in seinem Hotel, bekam Lorenz Adlon unangemeldeten Besuch eines Kriminalrats und eines Kommissars der Politischen Polizei. Der Kriminalrat offenbarte dem verdutzten Hotelier: »Wir haben sichere Nachrichten aus der Schweiz, daß russische Anarchisten einen Anschlag auf das Leben des Zaren vorbereitet haben. Ich betone: vorbereitet haben. In Ihrem Haus befindet sich eine Bombe.« Ungewöhnlich offen verriet der hohe Beamte seine Quelle: »Herr Adlon, wie Sie wissen, unterhält die Politische Polizei in vielen Ländern Agenten. In dem speziellen Fall, um den es hier geht, ist das interessanteste Land zweifellos die Schweiz, da sie das Sammelbecken russischer Anarchisten aller Schattierungen ist. In der Schweiz haben wir einen Mann, der sich bisher noch nie geirrt hat. Dieser Agent übermittelte uns die Nachricht, dass anarchistische Kreise, zu denen er enge Verbindungen unterhält, einen Mann aus dem Personal des Hotels Adlon gedungen haben. Sie überbrachten ihm durch geschickte Kuriere eine Bombe mit Zeitzünder, die genau auf den Zeitpunkt des Zarenbesuchs im Adlon eingestellt ist. In diesem Augenblick tickt sie wahrscheinlich schon.«

Die beiden preußischen Beamten ersuchten den Hoteldirektor, er möge unverzüglich ihre beiden russischen Kollegen informieren. Genau in diesem Augenblick stürmte ein aufgeregter Page ohne anzuklopfen ins Chefbüro und schrie: »Mein Gott, es ist furchtbar. Im Lichtschacht liegt ein Toter.«

Januar-Heft. Inseraten-Beilage zur »Innen-Dekoration«. Band XIX.

HOTEL ADLON

Am Pariser Platz **BERLIN** **Unter den Linden**

Vornehme herrliche Lage. Moderne Einrichtung. Großer Komfort.

Fließendes heißes u. kaltes Wasser, Fernsprech. u. Normalzeit in jed. Zimmer.

Einzelzimmer von 6 Mark, mit Bad von 12 Mark aufwärts.
Doppelzimmer von 12 Mark, mit Bad von 20 Mark aufwärts.
Salon, Schlafzimmer mit Bad u. W.-C. von 30 Mark aufwärts.

Fest- und Gesellschafts-Räume
für größere und kleinere Festlichkeiten
Große Halle mit Palmengarten
Five o'clock Tea Hotel Adlon
Restaurant Adlon am Pariser Platz
Restaurant Adlon am Goethe-Garten
Konferenz-Säle u. diverse Salons
American Bar Hotel Adlon
Wein-Großhandlung Lorenz Adlon

Telegr.-Adr.: Hotel Adlon, Berlin
Fernsprecher: Amt I, Hotel Adlon

LORENZ ADLON, Eigentümer.

1908. I. 1b.

Lorenz Adlon eilte zum Fundort der Leiche, kam dort jedoch erst nach den Kriminalbeamten an, da er zuvor den Kronprinzen höflich abwimmeln musste, der mit ihm plauschen wollte. In dem engen Lichtschacht zwischen hohen, nur durch kleine Fenster unterbrochenen Mauern verharrten die Polizisten und der Page stumm. Vor ihnen lag reglos mit zerschmetterten Gliedern ein Mann im dunklen Anzug, das Gesicht platt auf den Boden gedrückt. Es war einer der zaristischen Geheimpolizisten, die zum Schutze ihres Monarchen nach Berlin befohlen worden waren.

Wie aus dem Nichts tauchte sein Kollege auf, stürzte sich mit einem Aufschrei auf den Toten und stammelte etwas auf Russisch, was keiner der anderen Männer verstand. Plötzlich erhob er sich und forderte in hartem Deutsch: »Niemand darf wissen! Daschkow, Freund, war bestes Secret-Polizei von Zar. Alles muss geheim bleiben. Nix Arzt, nix Polizei. Sofort ihn bringen in russische Botschaft.«

So geschah es mit Billigung der beiden preußischen Beamten, die wohl diplomatische Verwicklungen fürchteten, und auch im Sinne des Hotelchefs, der sich um die Reputation seines Hauses sorgte.

Klammheimlich wurde der Leichnam des Agenten in ein weißes Tischtuch gewickelt und auf einem eilends beschafften Pritschenwagen diskret vom Wirtschaftshof des Gebäudes in die nur etwa hundert Meter entfernte russische Botschaft transportiert.

Aus dem großen Festsaal, wo sich die illustren Gäste um Kronprinz Wilhelm scharten, erklang das damals beliebte Lied: »Schlumm're süß, schlumm're süß, schlumm're wie im Paradies.«

Während der Kriminalrat im Chefbüro mit seinem Vorgesetzten telefonierte und um weitere Weisungen bat, ging Lorenz Adlon in den Saal, plauderte wiederum kurz mit dem Sohn des Kaisers und bestellte sich einen doppelten Cognac. Bevor er einen Schluck trinken konnte, bekam er die Nachricht, Herr Jansen, sein Stellvertreter und wichtigster Mitarbeiter, müsse ihn dringend sprechen.

Was dann geschah, schildert Hedda Adlon so: Ihr Schwiegervater habe sich sofort ins Büro seines Stellvertreters begeben, der unter anderem für die Sicherheit des Hotels verantwortlich war. Der sonst so gepflegte und äußerst korrekte Herr Jansen habe unrasiert mit wirrem Haar und verrutschter Krawatte an seinem Schreibtisch gehockt und nervös mit flackernden Augen auf ein in Seidenpapier gewickeltes Paket gestarrt, das vor ihm lag. Die Tür des Panzerschranks sei weit offen gewesen.

»Ich kann nicht mehr, Herr Adlon«, habe Herr Jansen – dessen Vorname nicht überliefert ist – gestammelt. »Nach allem, was geschehen ist, bin ich am Ende meiner Kraft.« Dann habe er sich erhoben und seinem Chef das Paket in die Hand gedrückt.

»Was soll das?«, fragte Lorenz Adlon seinen Vize, »was ist in dem Paket?« Herr Jansen antwortete: »Die Bombe!« Sie könne nicht explodieren, da der Zünder noch nicht eingestellt sei.

Adlon nahm wohl zunächst an, Jansen habe die Bombe zufällig gefunden. Doch der klärte ihn auf: »Ich habe sie seit acht Tagen im Panzerschrank. Ich selbst bin der Mann, der die Bombe beim Besuch des Zaren hinter ein Blumenarrangement im Zimmer des Herzogs zu Schleswig-Holstein legte sollte.« Er habe Spiel- und Wettschulden, gestand Herr Jansen reumütig. Einer der russischen Agenten habe ihn entlarvt und auf dem Flur gestellt, dort sei es zum Kampf gekommen, plötzlich sei der Leibwächter des Zaren in den Lichtschacht gestürzt.

Offensichtlich ratlos fragte Lorenz Adlon seinen Vizedirektor: »Was soll nun geschehen?« Jansen bettelte: »Geben Sie mir eine Chance. Ich war Offizier …«

Adlon verließ den Raum, um den Kriminalrat über das Geständnis seines Vizedirektors zu informieren. Auf dem Flur hörte er einen Schuss, kehrte um und sah Herrn Jansen. Tot. Mit einer großkalibrigen Pistole hatte er sich in seine rechte Schläfe geschossen.

Der Besuch des Zaren beim Herzog im Adlon fand wie geplant statt. Er dauerte exakt siebenunddreißig Minuten und verlief ohne jeden Zwischenfall. Die Bombe, deren Explosion sicherlich den Verlauf der Geschichte verändert hätte, wurde im Berliner Polizeipräsidium entschärft. Angeblich soll sie ab 1919 für einige Jahre im Berliner Kriminalmuseum ausgestellt worden sein.

Doch da war der im März 1917 zur Abdankung gezwungene Zar Nikolaus II. bereits eines gewaltsamen Todes gestorben. Am 17. Juli 1918 wurde er zusammen mit seiner Frau und den fünf Kindern in Jekaterinburg von Bolschewiki erschossen. Den Befehl dazu gab Wladimir Iljitsch Lenin, der sechseinhalb Jahre lang im Schweizer Exil gelebt hatte.

12

DER MÖRDER ALS LITERARISCHE INSPIRATION

»Dieses Stück, in dem zwei große Theaterdichter, Hauptmann und Zuckmayer, ihre Macht auf das Publikum vereinigen, ergab einen der merkwürdigsten Theaterabende, den ich je erlebt habe … An diesem Abend hat die Öffentlichkeit ganz Europas auf das Burgtheater geschaut.«

Der Kritiker Friedrich Schreyvogl in der »Neuen Wiener Zeitung« über die Uraufführung des Kriminaldramas »Herbert Engelmann« am 8. März 1952

Im Jahr vor dem geplanten Attentat auf den Zaren, am 15. November 1912, waren anlässlich des 50. Geburtstags des hochgeschätzten Dramatikers Gerhart Hauptmann Familienmitglieder und prominente Freunde zu einem opulenten Festbankett im Hotel Adlon zusammengekommen – wenige Wochen bevor er als vierter Deutscher den Nobelpreis für Literatur entgegennehmen durfte: Unter anderen seine Malerfreunde Lovis Corinth und Max Liebermann sowie Walther Rathenau, damals AEG-Aufsichtsratsvorsitzender, feierten mit.

Zehn Jahre später dann, im Sommer 1922, wird Rathenau als Außenminister der jungen Republik von zwei Rechtsradikalen ermordet werden. Und die Kriminalpolizei klärt endlich das Kapitalverbrechen an Oskar Lange in dem berühmten Hotel auf. Alle wichtigen Zeitungen in Deutschland berichten im August über die Gewalttat, Blumes bizarres Motiv und seinen spektakulären Selbstmord, besonders ausführlich die Blätter an den Tatorten Berlin und Dresden.

Blumes erfolgreicher Schriftstellerkollege Gerhart Hauptmann fühlt sich von dem Fall inspiriert. Wenige Monate nach Geständnis und Suizid des dreifachen Mörders schreibt er sein Kriminaldrama *Herbert Engelmann.*

1912 erhielt Gerhart Hauptmann (1862–1946) den Nobelpreis für Literatur.

Ob es nur das außergewöhnliche Motiv des erfolglosen Dramatikers Wilhelm Blume ist, das Gerhart Hauptmann anregt, das Stück zu schreiben, oder auch der exklusive Tatort im Adlon, seinem Berliner Lieblingshotel, darüber kann man nur spekulieren. Doch am 21. Januar 1923, fünf Monate nach Blumes Festnahme, macht sich Hauptmann, den Thomas Mann in jener Zeit als »ungekrönten König der Republik« adelt, ans Werk.

Der Germanist Gert Oberembt schreibt in seinem Buch *Großstadt, Landschaft, Augenblick. Über die Tradition von Motiven im Werk Gerhart Hauptmanns*: »Hauptmann ist zunächst von dem Doppelgesicht des Täters als ›Verbrecher und Dichter‹ berührt.« Doch auch die Faszination des Anarchismus dieser Zeit hätte ihn bewogen, sich dem Thema des mörderischen Dramatikers zu nähern. Überliefert ist Hauptmanns Satz, das Drama in vier Akten beziehe sich auf »eine Geschichte, glaub' ich, die um die zwanzig herum durch die Zeitungen gegangen ist.«

Es gibt mehrere Fassungen und Überarbeitungen, die ersten sind noch sehr nahe am tatsächlichen, dokumentierten Tatgeschehen in Berlin. Gemeinsam ist allen Versionen, dass Hauptmann die Handlung des Stücks in die Gegenwart des Jahres 1923 mit seiner galoppierenden Inflation und seinen instabilen politischen Verhältnissen verlegt hat.

Die Handlung: In einer bescheidenen Berliner Pension, die von der Pastorenwitwe Kurnick geführt wird, logieren Gäste mit gebrochenen Biografien wie die Ex-Majore Kohlrausch und Riedel. Bei Tisch diskutiert die Gesellschaft über alles Mögliche, was damals zu den beliebten Konversationsthemen gehörte, wie Sigmund Freuds Psychoanalyse, Albert Einsteins Relativitätstheorie oder Oswald Spenglers Buch vom *Untergang des Abendlandes*. Immer wieder drehen sich die Gespräche um die »zerrütteten Verhältnisse« dieser »aus den Fugen geratenen Zeit«, in der niemand wisse »ob der oder jener ein Biedermann, Juwelendieb oder Agent der Sowjets ist«.

Hauptmann-Exeget Oberembt analysiert: »Überhaupt sieht Hauptmann die Signatur der unruhigen Jahre in dem Ineinander von Sinnenlust und Todesnähe.«

Einem der Gäste hat Hauptmann den Namen Herbert Engelmann gegeben. Der Kriegsheimkehrer verliebt sich in Christa, die Tochter der Pensionswirtin. Doch er schleppt ein dunkles Geheimnis mit sich herum: den Mord an einem Geldbriefträger. Als Engelmann mit Christa ausgeht, um sich im Berliner Nachtleben zu amüsieren, gerät er in Panik, weil sich dem Paar ein Mann in Uniform nähert. Trotz seines wahnhaften Verhaltens heiratet Christa den gebrochenen Intellektuellen. Der Titelheld hat Erfolg als Schriftsteller. Alles könnte gut sein. Bis Engelmann verhaftet und des Mordes angeklagt wird. Doch er kommt mit einem Freispruch aus Mangel an Beweisen davon. Wieder zu Hause gesteht er seiner Ehefrau den Mord. Da er mit der Schuld und dem ungerechtfertigten Freispruch nicht weiterleben kann, vergiftet er sich.

Die letzten Worte in dem Drama lässt Hauptmann Christas Mutter, die Pastorenwitwe sprechen: »Und wo je einem Menschen, wird Gott ihm verzeihen, wenn er freiwillig aus dem Leben gegangen ist.«

Zufrieden ist Hauptmann mit seinem Kriminaldrama nicht, vergisst oder verdrängt es lange Zeit. Erst Anfang September 1941, im dritten Jahr des Zweiten Weltkriegs, nimmt er den Text wieder zur Hand, notiert: »Als Ganzheit durchaus vergessen.«

Doch der Stoff reizt ihn immer noch, er setzt sich erneut mit dem Stück auseinander: »Mein dramatisches Fragment, das ein geschehenes Verbrechen zur Grundlage hat: ein Mann lebt in glücklichen Umständen, wohl verheiratet, allbeliebt – aber, kam seinerzeit nach dem Weltkrieg mittellos aus russischer Gefangenschaft und, er hatte im Einzelkampf getötet, verfiel drauf einen Geldbriefträger zu berauben. Er adressierte einen Geldbrief an sich selbst, in ein Berliner Hotel. Der Geldbriefträger brachte es ihm und erlag dem Raubmörder. Jahre sind vergangen, die Spur wird entdeckt und schließlich auch der Verbrecher.«

Spätestens nach der Ernennung Adolf Hitlers zum Reichskanzler am 30. Januar 1933 muss Hauptmann allerdings klar gewesen sein, dass ein Kriminaldrama mit einem verbrecherischen und seelisch gestörten Kriegshelden als Hauptfigur im Dritten Reich von keinem deutschen Theater aufgeführt werden dürfte, obwohl viele seiner Stücke nach wie vor gespielt werden.

Gerhart Hauptmann verbindet seit einiger Zeit eine Freundschaft mit Carl Zuckmayer, erfolgreicher Autor der auch heute noch gespielten Stücke *Der Hauptmann von Köpenick* und *Des Teufels General*, die vonseiten des 34 Jahre jüngeren Zuckmayers von einer schwärmerischen Verehrung geprägt ist. Diese übersteht unbeschadet auch das Dritte Reich, obwohl sich Hauptmann mit dem nationalsozialistischen Regime arrangiert, während Zuckmayer emigriert. In seinen 1966 im Verlag S. Fischer erschienenen Memoiren *Als wär's ein Stück von mir* schreibt Zuckmayer über Hauptmann: »Für mich war und ist er die größte Dichtergestalt des Jahrhunderts.«

Wohl wegen der ungetrübten Verehrung Zuckmayers für Hauptmann vertrauen die zerstrittenen Erben des Nobelpreisträgers dem neuen Star des Nachkriegstheaters die Bearbeitung des unvollendeten Dramas *Herbert Engelmann* an. »Zum Fertigdichten«, wie *Der Spiegel* im Nachhinein in einer ausführlichen, auch heute noch lesenswerten Titelgeschichte aus dem Jahr 1962 über die jahrelangen Auseinandersetzungen zwischen Söhnen und Vertrauten Hauptmanns anmerkt.

Behutsam bearbeitet Zuckmayer das Drama seines verstorbenen Freundes und stellt es fertig für die Bühne. Das von Hauptmann »geschaffene Klima, und auch die von ihm gemeinte Hilf- und Ratlosigkeit seiner Titelgestalt galt es«, erläutert Zuckmayer seine Neuinterpretation, »unbedingt zu wahren, wobei ihr rhetorischer Ausdruck verknappt und gehärtet werden durfte. Vermutlich hätte auch Hauptmann bei nochmaliger Bearbeitung seinen Helden mehr mit sich selbst ringen, als sich selbst beklagen lassen. Kein Zweifel bestand darüber, daß der Mord und seine Ausführung, als eine Tat völliger menschlicher Depravation, vollständiger Zerrüttung aller geistigen und moralischen Widerstände, im Sinne von Hauptmanns Niederschrift beizubehalten war. Hier durfte nichts gemildert, abgeschwächt oder übermotiviert werden. Das Grundmotiv, die Verzweiflung an Sinn und Wert des Menschenlebens, mit dem gleichzeitigen instinkthaften Antrieb, das eigene zu erhalten und es zu einer neuen, sinnvolleren Kraftquelle zu machen, ergab sich aus dem Zug der Handlung, ebenso wie das zwangsläufige Scheitern und Zerbrechen an diesem Wahn.« Engelmann, so interpretiert Zuckmayer die Titelfigur in Hauptmanns Drama, dürfe keinesfalls als »klinischer Fall, als pathologischer Außenseiter gespielt werden, sondern als ein geschlagener und gestürzter Mensch in voller Verantwortlichkeit.«

Zuckmayer ergänzt die zwanzig Rollen in Hauptmanns Fassung um eine weitere: Frau Unschlitt, Witwe des von Engelmann ermordeten Briefträgers. Ohne etwas von dessen Verbrechen an ihrem Mann zu ahnen, kümmert sie sich um die Wäsche des Mörders, um ihre karge Rente aufzubessern. »Die neu hinzugefügte Gestalt der Briefträgerswitwe«, begründet Zuckmayer, von sich in der dritten Person schreibend, die Erfindung einer neuen Rolle, »erschien dem Bearbeiter notwendig zur Versinnlichung und Realisierung des im Stück vorausgesetzten Tathintergrundes und seiner Sinnbezogenheit aufs Ganze.«

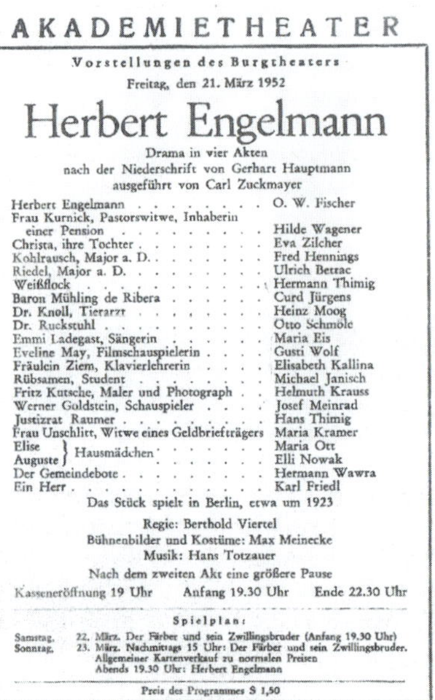
AKADEMIETHEATER

Vorstellungen des Burgtheaters

Freitag, den 21. März 1952

Herbert Engelmann

Drama in vier Akten
nach der Niederschrift von Gerhart Hauptmann
ausgeführt von Carl Zuckmayer

Herbert Engelmann	O. W. Fischer
Frau Kurnick, Pastorswitwe, Inhaberin einer Pension	Hilde Wagener
Christa, ihre Tochter	Eva Zilcher
Kohlrausch, Major a. D.	Fred Hennings
Riedel, Major a. D.	Ulrich Bettac
Weißflock	Hermann Thimig
Baron Mühling de Ribera	Curd Jürgens
Dr. Knoll, Tierarzt	Heinz Moog
Dr. Ruckstuhl	Otto Schmöle
Emmi Ladegast, Sängerin	Maria Eis
Eveline May, Filmschauspielerin	Gusti Wolf
Fräulein Ziem, Klavierlehrerin	Elisabeth Kallina
Rübsamen, Student	Michael Janisch
Fritz Kutsche, Maler und Photograph	Helmuth Krauss
Werner Goldstein, Schauspieler	Josef Meinrad
Justizrat Raumer	Hans Thimig
Frau Unschlitt, Witwe eines Geldbriefträgers	Maria Kramer
Elise } Hausmädchen	Maria Ott
Auguste } Hausmädchen	Elli Nowak
Der Gemeindebote	Hermann Wawra
Ein Herr	Karl Friedl

Das Stück spielt in Berlin, etwa um 1923

Regie: Berthold Viertel
Bühnenbilder und Kostüme: Max Meinecke
Musik: Hans Totzauer

Nach dem zweiten Akt eine größere Pause

Kasseneröffnung 19 Uhr Anfang 19.30 Uhr Ende 22.30 Uhr

Spielplan:

Samstag, 22. März. Der Färber und sein Zwillingsbruder (Anfang 19.30 Uhr)
Sonntag, 23. März. Nachmittags 15 Uhr: Der Färber und sein Zwillingsbruder.
Allgemeiner Kartenverkauf zu normalen Preisen
Abends 19.30 Uhr: Herbert Engelmann

Preis des Programmes S 1,50

Druck: „Elbemühl", Wien IX, Bergg. 31

Anders als Hauptmann weist Zuckmayer in seiner Bearbeitung ausdrücklich auf das konkrete Ereignis hin, das dem Stück zugrunde liegt. So lässt er die mit dem Paar Christa und Herbert Engelmann befreundete Filmschauspielerin Eveline May kurz vor dessen Verhaftung sagen: »Das war wohl die Sache, von der damals ganz Berlin geredet hat! Erinnert Ihr Euch nicht? Ein Geldbriefträger war mit einer kleinen Postanweisung in ein Zimmer im Hotel Adlon gelockt worden, und dort umgebracht und beraubt. Ich weiß es noch genau.« Zuckmayer wusste es offenbar auch.

Die Uraufführung des Gemeinschaftswerks findet am 8. März 1952 im Wiener Akademietheater statt, das zum weltbekannten Burgtheater gehört. Regisseur Berthold Viertel, wie Zuckmayer ein nach Europa zurückgekehrter Emigrant, inszeniert das Drei-Stunden-Stück. Mit O. W. Fischer als Herbert Engelmann, Curd Jürgens als zwielichtigem Baron Mühling de Ribera und Josef Meinrad, der einen Schauspieler spielt, besetzt Viertel die Rollen mit Darstellern, die damals ihre ganz großen Film- und Theaterkarrieren noch vor sich haben. Das Premierenpublikum klatscht nach der Vorstellung begeistert Beifall, doch die Kritiken in den Zeitungen fallen unterschiedlich aus, von der Lobeshymne bis zum Verriss.

Carl Zuckmayer (1886–1977) mit seiner Familie auf dem Balkon ihrer Berliner Wohnung im Jahr 1931. 1935 ging Zuckmayer ins Exil, zunächst nach Österreich, später in die USA.

Friedrich Schreyvogl, Rezensent der *Neuen Wiener Tageszeitung*, bekennt: »Dieses Stück, in dem zwei große Theaterdichter, Hauptmann und Zuckmayer, ihre Macht auf das Publikum vereinigen, ergab einen der merkwürdigsten Theaterabende, die ich je erlebt habe. Nicht zuletzt durch die Art, in der er verläuft. Er steigt sicher und großartig an und beginnt gerade auf seinem Höhepunkt nicht nur sich selbst zu widersprechen, sondern sich und seine Kraft völlig aufzulösen, also gleichsam Selbstmord zu begehen, wie der Held, von dem er berichtet.«

Das Burgtheater habe, lobt Schreyvogl, »recht getan, das Stück, das auch in die innerste Problematik dichterischen Schaffens leuchtet, zur Uraufführung anzunehmen. An diesem Abend hat die Öffentlichkeit ganz Europas auf das Burgtheater geschaut.«

Zum Schluss seiner Kritik schildert er die Reaktion der Theaterbesucher: »Das Publikum war erst mitgerissen, dann befremdet und verhielt sich zuletzt sehr richtig. Es dankte mit einem Jubelsturm. Für eine großartige Aufführung und auch für ein Stück, das auf jeden Fall (und sei's nur als ein ungelöstes und unlösbares Problem!) in die Theatergeschichte eingehen wird.«

Ganz anders urteilt der Kritiker der *Österreichischen Zeitung*, Richard Hoffmann: »Was Zuckmayer, dem eine geschickte Hand für Bühnenwirkung nicht abgesprochen werden kann, bewogen hat, diese kaum ergiebige Skizze auszuführen, die ja Gerhart Hauptmann selbst einer Ausarbeitung nicht wert fand, ist nicht recht erklärlich.«

Im Jahr ihrer Wiener Uraufführung nehmen sieben westdeutsche Theater die Hauptmann-Zuckmayer-Koproduktion in ihren Spielplan auf, 1962, zur Feier von Hauptmanns 100. Geburtstag, wagt sich das Theater Putbus, damals DDR, an die erste und bisher einzige Inszenierung der Originalfassung heran, was die

SED-Parteizeitung *Neues Deutschland* als »gewichtigen Beitrag zu den Hauptmann-Ehrungen in unserer Republik« preist. Auch das Neue Theater in Bad Kreuznach präsentiert im Hauptmann-Gedenkjahr 1962 das Drama, wiederum in der Zuckmayer-Fassung. Danach gibt es noch einmal 1981 in Stralsund eine *Engelmann*-Inszenierung und 1987 in Münster. »Seitdem scheint das Stück nicht mehr gespielt worden zu sein«, teilt Gesine Pagels vom Verlag Felix Bloch Erben mit.

Mit Jürgen Goslar in der Hauptrolle wird das Stück 1959 unter der Regie von Hans Lietzau vom SFB (Sender Freies Berlin) auch verfilmt und in der ARD ausgestrahlt.

Aber nicht nur Dramatiker wie Gerhart Hauptmann und Carl Zuckmayer inspirieren die Morde des Amateur-Schriftstellers Wilhelm Blume, auch zwei Berliner Krimiautoren des 21. Jahrhunderts lassen sich noch in der jüngeren Vergangenheit durch seine Verbrechen, deren Motiv und den prominenten Tatort anregen.

2007 veröffentlicht Sybil Volks ihren Kriminalroman *Café Größenwahn* im Berliner Jaron Verlag. Er spielt im Jahr 1912, also zwei Jahre vor Beginn des Ersten Weltkriegs, in dem von – realen – Künstlern wie Frank Wedekind, Gottfried Benn und Else Lasker-Schüler bevorzugten Café des Westens am Kurfürstendamm und handelt von dem jungen Schriftsteller Eugen Hofmann. Der setzt alles daran, berühmt zu werden, raubt und mordet. Tatort: Das Hotel Adlon. Wie der reale Verbrecher Wilhelm Blume schafft es auch Volks' fiktiver Eugen Hofmann, sein Stück auf die Bühne zu bringen. Im Theater sitzt ein Kriminalbeamter, der dem Autor eine Falle stellt.

2012 erscheint von Horst Bosetzky *Der Fall des Dichters*. Wieder geht es um einen erfolglosen Dichter. In Anlehnung an den echten Killer heißt er Wilhelm Blümel. Bosetzky verlegt die Handlung ins Jahr 1916, also in die Zeit des Ersten Weltkriegs. Tatort ist auch hier das Hotel Adlon, Ermittler der fiktive Kommissar Fokko von Falkenrehde. Doch auch der echte Ermittler Ernst Gennat tritt auf.

Im Nachwort seines Buchs bezieht sich Bosetzky auf den Dreifachmörder Wilhelm Blume und bedauert, dass sich seine Taten »im kollektiven Gedächtnis der Stadt nicht festgesetzt« hätten, in keiner Berlin-Chronik tauche er auf. Vom Krimi seiner Kollegin Volks' habe er erst erfahren, als seiner fast fertig gewesen sei. Bosetzky: »Vielleicht sollte man aus seinem (Blumes) Leben wirklich ein Theaterstück machen.«

Aufgrund von Gerhart Hauptmanns, Carl Zuckmayers, Sybil Volks' und Horst Bosetzkys Bearbeitungen sowie den Schilderungen von Hedda Adlon ist der Mörder-Dichter Wilhelm Blume jedenfalls zu einem Quentchen Nachruhm gelangt, wobei »Nachberüchtigung« sicher die treffendere Bezeichnung wäre.

CHRONOLOGIE

20. Juni 1874

Wilhelm Blume wird in Amsterdam geboren. Sein Vater, ein Tabakhändler, siedelt nach Braunschweig über, als sein Sohn drei oder vier Jahre alt ist. In Oldenburg besucht Blume die Oberrealschule, macht mit 20 sein Abitur. Danach versucht er in Berlin sein Glück, reist später nach London. Im Jahre 1900 eröffnet er ein Wettbüro in Hannover. Nach der Pleite wandert er nach Paris aus.

8. Oktober 1904

In Paris wird Blume wegen verbotener Wetten zu drei Monaten Gefängnis verurteilt. Anschließend kehrt er nach Berlin zurück, wohnt bis 1920 unter seinem richtigen Namen im Stadtteil Lichterfelde, Lankwitzer Straße 6, arbeitet als Buchhalter, wird 1917 entlassen.

13. Februar 1913

Wegen Vergehen gegen das Wettgesetz sowie Führen eines falschen Namens verurteilt das Berliner Schöffengericht Blume zu drei Monaten Gefängnis.

7. September 1918
Blume ermordet die Zimmervermieterin Marie Rühle und den Geldbriefträger Albert Weber in der Spandauer Straße 33 in Berlin. Die Leichen werden erst vier Tage später entdeckt.

1. Januar 1919
Wenige Tage vor Beginn des sogenannten Spartakusaufstands bezieht Blume unter dem Namen Hans von Winterfeldt die Suite 130 im Berliner Hotel Adlon.

2. Januar 1919
Blume erdrosselt den Geldbriefträger Oskar Lange im Hotel Adlon und erbeutet ein Vermögen.

3. Januar 1919
Schlagzeile in der *B.Z.*: »Raubmord im Adlon – Geldbriefträger im Hotelzimmer erdrosselt und beraubt«.

17. Januar 1919
Die Kriminalpolizei veröffentlicht einen Fahndungsaufruf und setzt eine Belohnung von 10 000 Mark für Hinweise zur Ergreifung des Täters aus. Vergeblich.

23. Februar 1922
Gerhart Hauptmann inszeniert für das Dresdner Staatsschauspiel die Erstaufführung seiner dramatischen Dichtung *Indipohdi* unter dem Titel *Das Opfer.*

11. März 1922

Uraufführung des Theaterstücks *Simili*, das Wilhelm Blume unter dem Pseudonym Erich Eilers verfasst hat, im Neustädter Schauspielhaus in Dresden. Das Werk wird von den Dresdner Zeitungen verrissen.

31. Juli 1922

Beim Versuch, erneut einen Geldbriefträger zu berauben, wird Blume in Dresden verhaftet. Ein Polizeibeamter erleidet Schussverletzungen. Wegen eines gebrochenen Arms kommt der Täter ins Friedrichstädter Krankenhaus in Dresden.

4./5. August 1922

Im Verhör, das u. a. der später im ganzen Deutschen Reich bekannte Kriminalkommissar Ernst Gennat (1880–1939) führt, gesteht Blume alias Stubenrauch alias Erich Eilers alias Hans von Winterfeldt alias G. von Gassen die drei Morde in Berlin und den Mordversuch in Dresden. Er sei, so sagt Blume, »ein Dramatiker, so groß wie Goethe und Schiller«, und erklärt: »Noch zwei, drei Morde und ich hätte alles Geld für mein Lebenswerk zusammen gehabt. Sagen Sie selbst, was ist schon das Leben von ein paar unbedeutenden Geldbriefträgern gegen das Lebenswerk eines Genies?«

12. August 1922

Der inzwischen ins Dresdner Gerichtsgefängnis verlegte geständige dreifache Mörder Blume schneidet sich mit Klingen seines Rasierapparats die Pulsadern auf und verblutet.

1923

Angeregt durch die Morde des Schriftstellers Blume schreibt Gerhart Hauptmann das Drama *Herbert Engelmann*. Zu Lebzeiten des Literatur-Nobelpreisträgers von 1912 wird es nicht aufgeführt.

8. März 1952

Premiere des von Carl Zuckmayer bearbeiteten Dramas *Herbert Engelmann* im Akademietheater – gehört zum Burgtheater – in Wien. Die Titelrolle spielt O. W. Fischer.

1955

Hedda Adlon, Schwiegertochter von Lorenz Adlon, veröffentlicht ihre Erinnerungen mit dem Untertitel *Das Berliner Hotel, in dem die Welt zu Gast war.*

29. Oktober 1959

Der Sender Freies Berlin (SFB) strahlt im Ersten den TV-Spielfilm *Herbert Engelmann* aus. Titelrolle: Jürgen Goslar.

QUELLENVERZEICHNIS UND DANK

Ermittlungsakten, Tatortfotos, Fahndungsplakate und Verhörprotokolle der Berliner und Dresdner Kriminalpolizei aus den Jahren 1919 und 1922

Berichte aus Berliner und Dresdner Tageszeitungen aus den Jahren 1919 und 1922

Rezensionen der Dresdner Presse zur Premiere des Theaterstücks *Simili* von 1922

Rezensionen aus Wiener Zeitungen über die Uraufführung des Dramas *Herbert Engelmann* von Gerhart Hauptmann bearbeitet von Carl Zuckmayer im Jahr 1952

Der Schinkenbrotmörder – Ein Beitrag des ehemaligen Berliner Polizeipräsidenten Georg Schertz in *Die Geschichte einer Legende – Hotel Adlon Kempinski*, Berlin 2007

Hedda Adlon *Hotel Adlon – Das Berliner Hotel, in dem die Welt zu Gast war*, Kindler, München 1955

Regina Stürickow *Verbrechen in Berlin: 32 historische Kriminalfälle 1890–1960* , Elsengold-Verlag, Berlin 2014

Gerhart Hauptmann/Carl Zuckmayer *Herbert Engelmann – Drama – Beide Fassungen*, Verlag Beck, München 1952

Herbert Engelmann, Fernsehspiel, Erstsendung ARD am 29. 10. 1959, produziert vom Sender Freies Berlin (SFB)

Gert Oberembt *Großstadt, Landschaft, Augenblick. Über die Tradition von Motiven im Werk Gerhart Hauptmanns*, Erich Schmidt Verlag, Berlin 1999

Sybil Volks *Café Größenwahn. Kappes zweiter Fall*, Jaron Verlag, Berlin, 2007

Horst Bosetzky *Der Fall des Dichters*, Gmeiner Verlag, Meßkirch 2012

Für die Hilfe bei der Recherche zu diesem Buch und der Durchsicht des Textes bedanke ich mich bei

- dem Team von Prof. Dr. Uwe Schaper vom Landesarchiv Berlin,
- Dorothea Barfknecht von der Staatsbibliothek zu Berlin – Preußischer Kulturbesitz, wo der Nachlass von Gerhart Hauptmann gehütet wird,
- Mag. Ulrike Polnitzky von der Österreichischen Nationalbibliothek in Wien,
- Dr. Kerstin Stremmel von der Theaterwissenschaftlichen Sammlung der Universität Köln,
- Gesine Pagels vom Verlag Felix Bloch Erben,
- Dr. Bernhard Tempel von der Gerhart-Hauptmann-Gesellschaft in Berlin,
- Dagmar Maitz, MSc von der Wienbibliothek im Rathaus,
- Bärbel Krause von der Sächsischen Landesbibliothek – Staats- und Universitätsbibliothek Dresden,
- der Lektorin Verena von Plüskow.

NACHWORT

Gerne schaue ich im Zweiten Deutschen Fernsehen Krimis der englischen Reihe *Inspector Barnaby* an. In der 1998 erstmals ausgestrahlten Folge mit dem Titel *Requiem für einen Mörder* fragt der von John Nettles gespielte Detective Chief Inspector Tom Barnaby in der Schlussszene: »Könnt Ihr Euch vorstellen, dass jemand zu einem Mord imstande ist nur für das Theater?« In dieser Folge geht es um einen eitlen Dramatiker, der über Leichen geht, um berühmt zu werden.

Etwa ein Jahrzehnt nach Ausstrahlung dieses Fernsehkrimis kämpfte ich mich im Lesesaal des Berliner Landesarchivs durch die Verhörprotokolle von Wilhelm Blume aus dem Jahre 1922. Bis zu diesem Tage konnte ich mir nicht vorstellen, dass ein Schriftsteller – nach meinem inzwischen widerlegten Vorurteil ein sensibler Intellektueller – drei Menschen ermordet, um die Aufführung seiner Dramen zu finanzieren.

Dank der noch heute beeindruckenden einfühlsamen Vernehmungstechnik der Berliner und Dresdner Kriminalbeamten vor fast einem Jahrhundert kann ich mir inzwischen vorstellen, dass ein von Geltungssucht besessener Dramatiker zum Killer werden kann. Durchaus ähnlich dem Motiv des Hirten Herostratos, der im Jahre 356 vor Christi den Tempel der Artemis in Ephesos, eines der sieben Weltwunder der Antike, in

Brand gesteckt hat, damit sein Name auf ewig unvergessen bleibe. Was ihm ja gelungen ist.

An der historischen Mordserie in Berlin hat mich neben der raffinierten Tatvorbereitung gepaart mit der extremen Brutalität der Tatausführung zunächst das bizarre und nach meiner Kenntnis in der deutschen Kriminalgeschichte einmalige Motiv des Täters interessiert. Auch der Tatort des dritten Mordes, das damals wohl luxuriöseste Hotel im Deutschen Reich, und die zeitlichen Tatumstände, Berlin im Ausnahmezustand des Spartakusaufstandes, haben mich angeregt, diesen Tatsachenbericht zu verfassen.

Während der Recherchen bekam ich Kenntnis davon, dass der Kriminalfall Blume zusätzlich eine literaturhistorische Dimension hat: Die Adaption des realen Verbrechens zunächst ganz zeitnah durch Gerhart Hauptmann und drei Jahrzehnte später durch Carl Zuckmayer. Zwei der wichtigsten und prominentesten deutschsprachigen Dramatiker des vergangenen Jahrhunderts, deren Stücke auch heute noch aufgeführt werden, regte der reale Mord im Adlon zu einem Theaterstück an.

Wahrscheinlich sind sich der Hochstapler, Gewohnheitsverbrecher, Mörder und erfolglose Schriftsteller Wilhelm Blume und der Nobelpreisträger Gerhart Hauptmann niemals begegnet, trotz ihrer gemeinsamen Vorliebe für das Hotel Adlon. Doch es gibt einen bemerkenswerten zeitlichen Zufall: Im Jahre 1922 wurden in Dresden zwei Theaterstücke nur wenige Tage nacheinander uraufgeführt, Hauptmanns *Das Opfer* und Blumes unter dem Pseudonym Erich Eilers verfasstes *Simili*.

Vielleicht hat der vom Theater besessene Blume die Premiere von Hauptmanns Drama besucht? In den Verhörprotokollen steht nichts davon. Ebenso geben sie leider keine Auskunft darüber, was nach dem Suizid des Verbrechers aus den Manuskripten seiner diversen Dramen geworden ist. Hat die Polizei sie sichergestellt? Lagern sie vergessen in einem Archiv? Oder wurden sie vernichtet? Sowohl für Psychiater als auch für Literatur-Exegeten wäre es auch heute noch aufschlussreich, sich mit Blumes Werken zu befassen, gleichgültig wie dilettantisch sie abgefasst sein mögen.

Was oder auch wer Hauptmann letztlich auf die Idee gebracht hat, den Geldbriefträgermord in Suite 130 des Hotels Adlon als Vorlage für sein Kriminaldrama zu nutzen und zu verfremden, in dem er einen durch Kriegsgräuel seelisch zerstörten Intellektuellen zum Mörder macht, auch hier ist die Quellenlage spärlich.

Vieles spricht dafür, dass Hauptmann im August 1922 in einer Tageszeitung einen Bericht über die Festnahme eines Mannes in Dresden gelesen hat, der beim Versuch, einen Geldbriefträger zu berauben, auf einen Polizeibeamten geschossen hatte. Das Geständnis des Verbrechers, er habe in den Jahren 1918 und 1919 in Berlin drei Menschen ermordet, um die Aufführung seiner Dramen zu finanzieren, fand damals ein weites Presseecho, ebenso der Tatort seines letzten vollendeten Mordes, das Adlon.

Gesichert ist, dass Hauptmann sich fünf Monate nach der Festnahme und Blumes Selbstmord ans Werk machte und mit dem Drama *Herbert Engelmann* begann.

Auch sein Beweggrund, einen aktuellen Kriminalfall als Vorlage für ein Drama zu nehmen, dürfte zunächst in der kriminell-exzentrischen Persönlichkeitsstruktur des Täters liegen. Zum einen plante Wilhelm Blume seine Verbrechen mit einer auch heute noch erstaunlichen Akribie, führte sie mit extremer Zielstrebigkeit aus und war gleichzeitig ein passionierter, wenn wohl auch nicht allzu begabter Schriftsteller, einer, der für seine literarische Leidenschaft wortwörtlich über Leichen ging. Ernst Gennat, der Kommissar, der Blume verhört hat, urteilt in seinen Erinnerungen: »Der dramatische Dichter wird zum Raubtier.«

Es ist eine makabre Pointe der Literaturgeschichte: Wilhelm Blume, der auf Teufel komm raus mit seinen Dramen berühmt werden wollte und dafür drei Menschen brutal ermordete, gelang es dank Gerhart Hauptmann und Carl Zuckmayer tatsächlich, in die Geschichte der deutschsprachigen Literatur einzugehen, wenn auch nur als Fußnote und posthum.

Dieser Tatsachenbericht zeichnet das Leben des mörderischen Schriftstellers Wilhelm Blume nach, soweit es die erhaltenen Akten und Berichte ermöglichen, und versucht, die Faszination dieser Verbrechen sowohl für Hauptmann und Zuckmayer als auch für Krimiautoren der Gegenwart nachzuvollziehen.

Offenbleiben muss die Frage, ob ein forensischer Psychiater den Serienmörder Wilhelm Blume aufgrund eines extrem wahnhaften Narzissmus für schuldunfähig erklärt oder ob ein Gericht ihn für schuldig befunden und damit dem Henker übergeben hätte.

Das Buch basiert im Wesentlichen auf den Verhörprotokollen der Kriminalpolizei nach Blumes Festnahme sowie Tatortfotos aus dem Adlon, es wertet Fahndungsplakate und zeitgenössische Zeitungsberichte aus. Diese Dokumente haben den Zweiten Weltkrieg überstanden und sind über ein Jahrhundert lang erhalten geblieben, ebenso Kritiken des einzigen jemals aufgeführten Theaterstücks *Simili* von Wilhelm Blume, das er aus heute nicht mehr nachvollziehbaren Gründen unter dem Pseudonym Erich Eilers verfasst hat.

Hauptmanns unvollendete Originalfassung des Engelmann-Dramas, die zusammen mit Zuckmayers Bearbeitung im Propyläen-Verlag erschienen ist, diente als weitere Quelle.

Der historische Kriminalfall Wilhelm Blume harrt noch seiner Verfilmung. Es müsste ein neues TV-Format erfunden werden, so eine Art History-Tatort. Wegen seiner unausweichlichen Brutalität dürfte er jedoch erst ab 22 Uhr gesendet werden. Also kein Fall für Inspektor Barnaby.

Helmut Böger

Allee
Simson
Friedens
CHAU
SSEE
Pariser
Neue Wilhelm